文通天下

突　破　认　知　的　边　界

手腕

王翠翠 著

光明日报出版社

图书在版编目（CIP）数据

手腕 / 王翠翠著. -- 北京：光明日报出版社，
2024. 8（2025.3重印）. -- ISBN 978-7-5194-8132-2

Ⅰ. B84

中国国家版本馆CIP数据核字第20240WJ827号

手腕

SHOU WAN

著　者：王翠翠

责任编辑：孙　展　　　　　　　　责任校对：徐　蔚

特约编辑：胡　峰　孙美婷　　　　责任印制：曹　净

封面设计：于沧海

出版发行　光明日报出版社

地　　址：北京市西城区永安路106号，100050

电　　话：010-63169890（咨询），010-63131930（邮购）

传　　真：010-63131930

网　　址：http://book.gmw.cn

E - mail：gmrbcbs@gmw.cn

法律顾问：北京市兰台律师事务所龚柳方律师

印　　刷：河北文扬印刷有限公司

装　　订：河北文扬印刷有限公司

本书如有破损、缺页、装订错误，请与本社联系调换，电话：010-63131930

开　　本：170mm×240mm　　　　　　印　　张：16

字　　数：180千字

版　　次：2024年8月第1版

印　　次：2025年3月第2次印刷

书　　号：ISBN 978-7-5194-8132-2

定　　价：58.00元

侠义心肠对人
敏捷手腕做事

生活中，你是否有过类似的经历？

明明全心全意对待别人，换来的却是别人的虚情假意；明明设身处地替别人着想，换来的却是伤害；明明是善意帮助别人，换来的却是得寸进尺。

生而为人，我们可以善良，但要有底线；可以对别人古道热肠，但也要有高超手腕。你的好很贵，要给值得的人。如果在人际关系中，对方总想着伤害你，总想着从你身上赚便宜，那么你就要立刻断掉这段关系。不要想着不好意思，因为你的不好意思只会让这种人更得寸进尺。

一个人只有不委屈自己，才更从容过好这一生。

人与人相处贵在舒服，倘若彼此之间能相处舒服，自然是没问题，这段关系也是值得珍惜的；若是彼此之间相处不舒服，那么就不要勉强自己了，因为勉强到最后只会让自己更痛苦。

生而为人，没有霹雳手腕，就不要乱施菩萨心肠。我们当然都希望自己做到心怀慈悲，菩萨心肠对人，但别忘了，一定也要做到有霹雳手腕，这两者是缺一不可的，否则我们的人生就会很难。

不要惯坏了不懂感恩的人，因为这样的人从来不讲感情，在他们眼里只有利益，和这样的人相处你只会吃亏。他们接近你的目的并不单纯，你想着和对方成为一辈子的好朋友，对方却想着怎么来利用你。他讲利益你讲感情，彼此是不可能玩到一起的。

对于别人的要求要学会拒绝，不要总是不好意思拒绝。因为拒绝是一个人的权利，这些我们自己说了算，和任何人都没有关系。害怕自己拒绝了朋友后，关系受到影响，若真是如此，这样的友情不要也罢，因为对自己有百害而无一利。

一段好的关系是需要保持距离的，只有做到保持距离和讲分寸，才能久处不厌，彼此的关系才不会出现任何问题。

我们做人要有自己的底线，要有自己的原则，这样才是对自己最大的保护。

不能因为别人而委屈了自己，如果你做不到，总是委屈自己，那么整个世界都会欺负你。

余生不长，愿我们能处理好每一段人际关系，善待他人的同时不要委屈了自己，能侠义心肠对人，也能敏捷手腕做事。

愿我们身上有刺，眼中有光，考虑别人的时候也能考虑自己，这样才是最好的人生！

目 录

第一章 聪明的人，往往是拿捏人性的高手

第二章 做事有手腕，成事有方法

第三章 做人懂分寸，处世知进退

第四章 用阳谋立身，用正道持心

第五章　人生总有困局，要学会如何破局

第六章　有手腕的人，懂得人情世故

第九章 没有靠山，也能在职场上风生水起

第十章 有礼有节，一路畅通

第一章

聪明的人，往往是拿捏人性的高手

你很难做到让所有人都满意

大千世界，有一部分人总想着让所有人都满意，无论做什么事都考虑别人的意见，以为只要这么做了，别人就会对自己满意，自己就能收获更多的快乐。

可事实上真的是这样吗？他们拼尽全力让别人满意，最后却很难如愿；他们努力收获很多快乐，最后还是很难快乐。

他们总是从自己身上找原因，可这并不全是自己的原因。人无完人，金无足赤。要知道，无论我们怎么努力，我们都很难让所有人满意。

即便你很优秀，别人也可能会挑剔

在人际交往中，有些时候并不是我们自己不够好，而是别人太挑剔。既然如此，我们就要调整好自己的心态，做好属于自己的事，只有这样才能更好地拥抱幸福。

生活在这个世界上，每个人有每个人的标准，我们不能用别人的标准来要求自己，因为这样做很可能会适得其反。

《伊索寓言》中有这样一个故事：

　　有一对父子准备到城里面去卖一头驴子，父子俩牵着这头驴子走路进城。一路上就有人笑话他们了，说："哎呀，你看，那父子俩好笨，有驴子都不知道骑，两个人都走路呢。"父亲一听："啊，有道理。"父亲就骑上去。

　　继续走，另外的人看到又说了："你看看，那个父亲，哎呀，一点慈爱心都没有，儿子那么小让他走路，他自己就骑个驴子。"父亲又下来，然后让儿子骑上去。

　　又遇到人，那人说："你看看，这个儿子多不孝顺，他老父亲在前面走，他骑在驴子上面扬扬得意的。"

　　这个父亲也没什么主见，他说："这样子，我们父子俩都坐上去。"

　　但还是有人说："你看看，这父子俩好残忍，这个小驴子，他们两个人都骑在上面去了。"

　　怎么办呢？父子都没有什么主意，又都下来了，抬着这个驴子进城去。结果还是有人说："你看看，这两个笨蛋，有驴子不知道骑，抬着驴子走路。"

无论这对父子怎么做，好像都是错的，骑着驴不对，不骑也不对，一个人骑着不对，都骑着也不对。

很多时候，我们特别像这对父子，为了让任何人都满意，把自己弄得特别疲惫，可最后大家依然不满意。一个人再好也不能让所有人满意，还是会有人讨厌你的脾气，讨厌你的言行，讨厌你的生活，甚至讨厌你的所有。

这个世界上有人夸你自然也有人损你，因此我们没必要太在意一些人，他们的话完全可以不听，只要做好自己就行了。

众口难调，别想太多

生而为人，没有什么比做好自己更重要了。你才是自己世界的主人，当你快乐了，那么你的整个世界也会快乐。人生本来就很短，我们真的没必要为了满足别人的需求而把自己搞得郁郁寡欢。

有位画家，花了好几个月的时间画了一幅山水画，有一天他拿着画作去了市场，找了个摊位把画摊开，在边上放了一支笔并附上一则说明，就离开了。这则说明是：如果你觉得这幅作品哪里有不妥之处，请在画中做上标记。

本来画家对自己这幅画非常满意，他甚至觉得自己这幅画没有任何缺点，相信没有人会不满意。可结果并非如此，当画家傍晚去取画的时候，发现整幅作品都画满了记号，几乎没有一笔一画是不被指责的。

画家非常难过，又很不服气，决定换一种方式再试试。他又画了一幅一模一样的画，再次拿到市场上展出，并请人指教。不同的是，这次的规则变了，他请求大家把他们自己最欣赏的地方标上记号。

还是一个傍晚，他去取画的时候发现，那些曾被人批评得一无是处的地方，全是赞美之词。

面对这个结果，画家感叹道："我终于明白了，无论一个人做什么，只要一部分人满意就足够了。因为，在有些人看来是丑陋的东西，在另一些人的眼里则恰恰是美好的。"

　　无论我们做什么，总有人满意有人不满意，努力让所有的人都满意是根本不可能的。

人生苦短，做好自己

　　人活一世最重要的是要做好自己，因为自己才是最重要的。无论别人说什么，你都要保持好自己的心态，不用去想太多，这样你才能走好脚下的路，得到自己想要的快乐。

　　我们会遇到很多人，要知道，并不是每一个人都值得自己用心对待，我们也没办法让所有人都喜欢自己，要做的不是满足别人的喜欢，而是做好自己。

　　诚然，做好自己很难，我们也很难做到完全不重视别人的意见。若别人的意见对我们有帮助，固然好，若是没有帮助，就不要折磨自己了。

　　这个世界上没有任何人值得我们牺牲自己，我们首先要做的是让自己快乐，唯有如此，人生才没有白活。

越有才华的人，越不能傲慢

不可否认，人的本性就是充满骄傲和傲慢的，大多数人免不了以自我为中心，觉得自己是特别厉害的人。殊不知这是错的，一个人总是以自我为中心，那么他会活得很痛苦，即便他非常有才华依然痛苦，因为傲慢会让才华黯然失色。

一个真正有才华的人，或者一个真正有韧性的人，他的姿态一定是谦逊的，绝对不会傲慢，他们会遵从自己的内心，知道自己真正想要什么。

越有才华的人越会谦逊，谦逊是一种极其高贵、极其难得、极其使人受益的品质。

才华越高，越懂得尊重他人

孟子有云："爱人者，人恒爱之；敬人者，人恒敬之。"这句话很好地说明了尊重别人的重要性。懂得尊重他人是一种基本的道德准则，也是人与人之间相处的基础。尊重他人不仅是对他人的认可和重视，更是一个人教养的体现。

美国巨象集团楼下私家花园的长椅上，坐着一位妇女和她的孩子，妇女正非常生气地向男孩说教。在他们不远处有一位60多岁的老人在修剪树枝。

看到这位老人之后，妇女停止了说教，从背包里拿出一团纸向老人扔去。纸团正好砸在了老人刚修好的树枝上，老人默默地捡起纸团扔进了垃圾桶里。妇女见状后又扔了个纸团，老人依旧没有反应地捡起纸团。

孩子不解地看着妈妈，不知道妈妈为什么要这么做。妇女变本加厉地连续扔出多个纸团，出乎意料的是老人并没有感到厌烦，始终将纸扔到垃圾桶里。

最后，妇女大概是扔累了，便停下来对儿子说："你还不明白学习的重要性吗？如果你现在不好好学习，将来你就会像这个老人一样没出息，只能做最底层、不受人重视的工作。"原来，妇女之所以向老人扔纸团，是把老人当成了不好好学习的反面典型。

老人听了妇女的话，放下剪刀走到妇女面前，告诉妇女这是巨象集团的私家花园，只有内部员工才能进。听老人这么说后，妇人便傲慢地拿出一张工作证给老人看，扬扬得意地表示自己不仅是巨象集团的员工，还是集团所属公司的部门经理呢。

妇人说完，老人打了个电话。不一会儿，集团人力资源部的经理就来了。原来，老人正是巨象集团的总裁詹姆先生。这时，女人开始慌了，不停道歉，但詹姆还是辞退了她。

在这世界上，我们要做的第一件事情就是学会尊重每一个人，只有懂得尊重了，未来的路才会更好走。

傲慢的人，往往缺少才华

不知道你发现没有，这个世界上越是傲慢的人，身上越是缺少才华，他们以为自己很厉害，其实不过是半瓶水。真正有本事的人反而不傲慢，因为他们无须用傲慢来证明自己，他们的才华有目共睹。

玛格丽特·米切尔是美国著名的女作家，长篇小说《飘》奠定了她在世界文学史上不可动摇的地位。米切尔很低调，有一次米切尔受邀参加一场作家峰会。现场各类作家云集，当几乎所有人都在炫耀自己的作品时，只有米切尔安安静静地待在一边，微笑地倾听着。

她身边一位名不见经传的作家一直喋喋不休地向她吹嘘自己的100多部作品，最后，这位作家问米切尔："你有几部作品？"

米切尔微笑着回答："我没有先生这样的才华，我只有一部作品。"

听到米切尔这么说，这位作家明显流露出了一丝不屑，并略带嘲讽地问她写了一本什么书，米切尔只回答了一个字："《飘》。"

听到答案，这位作家羞愧地低下了头。

从心理学上来说，一个人越缺什么，越会炫耀什么。越是傲慢，就越没有才华。

当一个人经历的事、遇见的人多了，也就越来越清楚天外有天、人外有人，世界上总会有比自己才华更高的人。

越傲慢的人，其实越无知

《道德经》有言："江海所以能为百谷王者，以其善下之。"百川河流之所以皆奔赴于江海，是由于其擅长处在低下的地方。

其实不只河流这样，人亦如此，如果一个人保持低调谦逊，不仗着自己仅有的才华傲慢无礼，那么他定会有一个好的未来。

人生在世，有什么值得傲慢的？人外有人，天外有天，你有好的，别人还有更好的。不要自我满足，要时刻拥有一颗谦虚心。一个人若是太自命不凡，最终只会自讨苦吃。

给别人留面子，就是给自己留面子

网友调侃说："面子是我们的宝贝，面子几乎主宰着我们的一切。"这句话虽夸张，但也说明了面子在我们日常生活中的重要性。

中国式人际关系中，面子特别重要，甚至很多关系都要靠面子来维持。我们希望别人给我们面子，别人也希望我们给他们面子，因此千万不要为了自己的面子而忽略了别人的面子，若你总是考虑自己的面子，那么未来的路会很难走。

懂得给别人留面子，也是给自己挣面子；给人台阶下，也是给自己留退路；做人做事留一线，日后才能好相见。

给别人留面子，看破不说破

在这个世界上，真正聪明的人懂得做事留余地。他们做人做事点到为止，绝对不会让人难堪；对于自己不知道的事情，一句不说；知道一点点的事情，完全装不知道。聪明人做事情，不会把人逼入死角，而是常留下回旋余地。

在与人相处的过程中，他们也非常重视别人的面子，知道给别人留面子就是给自己留面子，往往让人觉得和他相处很舒服。

笔者曾看过这样一个故事，挺有感触的：

张大千画了一幅《绿柳鸣蝉图》，画上一只大蝉趴在柳枝上，蝉头朝下，做欲飞状。

齐白石见了这幅画，对张大千说："大千先生这画极为传神。不过，我以前画蝉，曾向一位农民请教，据他说蝉的头部是朝上的，极少有朝下的情况。当然，这也只是那位农民的一面之词，我也没亲眼看过，也不一定对。"

听了齐白石的话之后，张大千便趁着去青城山写生的机会，仔细观察，发现树上的蝉果然都是头朝上的。回来后他迫不及待地把自己看到的告诉了齐白石，齐白石笑着表示自己也观察过。

这一刻张大千才明白，原来齐白石早就看出他画错了，但又怕直说伤了他的面子，才假说从一个农民口中听说的。

人际交往中，懂得给别人留面子很重要，这样彼此的关系才会更和谐。

给别人留面子，就是给自己留面子

我们每个人都喜欢被夸，当一个人能做到夸别人的时候，那么别人也不会吝啬对他的赞美。人与人之间永远都是相互的，你怎么对待别人，别人就会怎么对待你。

有一位女士因为家庭需要请了保姆，为了了解保姆，她给保姆以前的雇主打电话，得知保姆做得并不好。但是保姆来上班的时候，女士并没有说什么，而是说自己了解过了，她的前雇主说她不仅诚实可靠，做菜好吃，还很会照顾孩子，但就是不太爱干净。

女士接着说："你的前雇主可能说错了，因为当我开门看到你的时候，你穿得这么整洁干净，我相信你收拾屋子一定也很干净整洁。以后我们也会相处得很好。"

保姆知道这是女士给自己留了面子，因此上班后做事特别认真负责，把家里收拾得井井有条。

给别人留面子并不吃亏，因为给别人留面子就等于给自己留面子，只有这样人与人相处起来才会特别舒服。

好的关系，永远是相互的

永远不要觉得给别人留面子会让自己吃亏，这是错误的想法，越是懂得给别人留面子，别人越愿意与你相处。给别人面子，是智者的表现，会让自己的人生发展得更好。

人活着，要做到"得饶人处且饶人"，就算是对方错了，也要做到能放就放过别人。大家都活得自在了，你才有面子，否则，面子没有任何价值。

生而为人，我们都希望得到他人的尊重与体谅，都希望得到别人给的面子。想得到就要先给予，你给别人面子了，别人自然也会同样对待你。

愿我们在人际相处中，努力做到给人留点面子。

懂得换位思考，替别人着想

《增广贤文》有这样一句话："责人之心责己，恕己之心恕人。"这句话的意思是做人要用责备别人的心来反省自己，用宽恕自己的心去体谅别人，简单来说，就是在与人相处的过程中要懂得换位思考。

每个人有每个人看待事物的角度，倘若你没有站在别人的角度上，那么就永远无法做到感同身受。你觉得很小的一件事，对方看来可能是大事；你觉得很大的事，别人可能根本不会当回事。

因此想更好地和别人相处，让人际关系更和谐，那么我们就要学会换位思考。

换位思考，是对他人的一种尊重

你不是我，不知道我走过的路和心中的苦与乐；你不是我，就不要用你的价值来判断我。换位思考说到底是一种尊重，是一种推己及人的考虑。遇到事情，懂得换位思考，就会设身处地地站在对方的角度考虑问题。

"盲人点灯"这个故事很有意思。

有个人请一个盲人朋友吃饭，吃到很晚。最后，盲人说："很晚了，我要回去了。"于是，主人就给他拿来一个灯笼。

盲人当场就翻了脸，很生气地说："真没想到你是这样的朋友，明知道我看不见，还给我一盏灯笼，这不是嘲笑我吗？"

主人笑着说："你误会了，正是因为我担心你，才给你拿个灯笼。你看不见，别人可看得见，这样你走在黑夜里就不会有人撞到你了。"

懂得为别人着想的人都是值得相处的人，因为他们懂得尊重别人，不会随便拿别人的短处取乐，而是每时每刻都在想怎样帮助别人，与这样的人相处很舒服。

有句话说得特别好："懂得换位思考，能真正站在他人的立场上看待问题、考虑问题，并能切实帮助他人解决问题，这个世界就是你的。"确实是这样，人际交往中如果我们常常站在对方的角度来考虑问题、看待事物，那么我们的人生之路自然越走越远。

替别人着想，才是真朋友

在这个世界上几乎每个人都想找到真朋友，不希望自己的真心换来的是虚情假意，所以说真情难遇。其实如果一个人能做到替别人着想，那么这样的人就是真朋友，值得你用一辈子来相处。

北宋的范仲淹因主张改革，惹怒了朝廷，很快被贬官。

当范仲淹卷起铺盖离京时，一些平日与他关系好的官员生怕被说成是朋党，纷纷避而远之。只有个叫王质的官员除外。王质当时正生病在家，闻讯后立即抱病前去，将范仲淹一直送到城门外。

很显然，王质是把范仲淹当成真朋友了，正是因为如此，他才不考虑范仲淹会给自己带来什么样的负面影响，只是站在朋友的角度想着多送送朋友。

人与人相识于缘，相交于情，相惜于品，相敬于德。如王质这种不计得失，对他人的困境感同身受，关键时刻出手相助之人，才是我们真正值得一生珍惜的朋友。

多为别人考虑，关系更融洽

你不愿意为别人考虑，这也没有什么，可是别人也不会替你考虑，那你未来的路就会很难走好。

替别人考虑就会把别人放在心上，试想一下，当你把别人放在心上了，别人怎么可能不把你放在心上呢？

谁的人生都不是一片坦途，我们都会遇到困难，需要寻求别人的帮助，若一个人从来没有考虑过别人，也从来没有帮助过别人，别人凭什么帮助他呢？

在这个世界上，人人都想做好人，那什么样的人才算好人呢？季羡林老先生曾说："考虑别人比考虑自己稍多一点就是好人。"人与人能相处皆是缘分，既然此生有缘，那么就多替对方考虑一下吧，多站在对方的角度考虑问题。

人生很短，未来的日子里请一定要记住，处理好关系的法宝不是心机，而是懂得换位思考，替别人着想！

己所不欲，勿施于人

　　人与人相处的最好状态莫过于让彼此舒服，而要想让彼此舒服首先要做到的就是"己所不欲，勿施于人"。生活中，有些人明明知道这个道理，却偏偏做与这个道理南辕北辙的事，总是去为难别人，把自己不喜欢的强加给别人。

　　一个人如果总是这样行事，那么身边是很难有朋友的，可能一开始大家不知道你是什么样的人，但随着时间的推移别人就会知道。一旦别人知道了，就算和你关系很好也会远离你。

别让人为难

　　当一件事你自己不想做的时候，那么就不要让别人去做，如果对方因为不好意思拒绝做了这件事，那么他对你的印象也会变得很差。

　　你的想法不代表别人的想法，你想要的别人可能并不想要，在人际相处中，我们要做的是做好自己而不是为难别人。

　　庄子讲了一则"鲁侯养鸟"的故事，故事中说有一只鸟自海上来，栖息在鲁国都城的郊外。鲁侯以为此鸟乃是"神"，于是便令人将它捉回王宫好生招待。它被供养在鲁国宗庙，每天都有乐师奉命为它奏乐，又有仆从喂它山珍海味。面对这些，鸟儿根本承受不住，它被乐声震得惶恐不安，不敢进食，没几日便死了。

当鸟死了，鲁侯才知道自己错了。

鲁侯理所当然地以为自己想要的就是鸟想要的，其实并非如此。自己想要的并不是鸟想要的，自然就不能用使自己愉悦的方式来取悦神鸟，执意这样做神鸟只能一命呜呼。

有人说："一个人的好恶不等于别人的好恶。"这句话笔者完全赞同。每个人不同，喜好自然不同，既然喜好不同，那么就不能用一套标准来衡量。

有时候，我们做事可能是善意的，但是你要知道这份善意别人可能并不需要，如果强行施加给别人，那么只会让彼此的关系变得更差。

自己做不到的事，也没必要要求旁人做到

一件事当你做起来有难度的时候，那么别人做起来可能也有难度，当你不想或者不敢去做的时候，也没必要让别人去做，如此，关系才能长久。

在这个世界上，所有的人和事情都是相互的，你做不到的事情，就没必要要求别人去做，这样的要求只会加速彼此关系的破裂。

为人处世，多为别人考虑一下，不要什么事情总想着自己，也不要把自己不愿意做的事情强行让别人去做。当你做到了这点，人际关系也就和谐了。

不为难别人，是一种高级的教养

人人都想做一个有教养的人，可未必人人都有教养，因为教养不是嘴

上说说那么简单，而是切切实实地在人际关系中的行动和体现。

《哈利·波特》的作者J.K.罗琳曾说："一个人真正的修养，不要看他如何对待比自己身份地位高的人，而要看他如何对待比自己身份地位低的人。"所谓的高级修养，不过是不为难别人，不论是自己比别人身份地位高，还是一样，自己不愿意做的，都不会让别人去做。

当你心里装着别人了，那么别人自然心里也会装着你，如果你能做到不为难对方，那么对方何必为难你呢？

人生很短，我们要在这短短的一生中明白人际关系的真谛，做到"己所不欲，勿施于人"，当你做到了，身边自然会有很多的朋友，人生的路也会走得更顺畅。

聪明的人不参与争辩

世人都想拥抱快乐，可最后发现要快乐很难，原因之一就是在人际交往中压不住与别人争辩的欲望，总想着和别人一辩高低。

很多人觉得和别人争辩对自己的人生有益，实则百害而无一利，因为每个人的认知不同，立场不同，自然看待事物就不同。你想说服对方，让对方按照你的想法来，那断然是不可能的，因为不可能，心里就会添堵，自然也就很难快乐了。

真正聪明的人知道与别人争论没有任何好处，不如不去争辩，用心过好属于自己的生活。

认知不同，无须争辩

《道德经》中讲："大直若屈，大巧若拙，大辩若讷。"在日常生活中，有些事我们自己心知就好，对于听不懂话的人不要说；对于辩不明白的事，不要辩；对于不同认知的人，不要浪费时间。倘若你非得和不同认知的人说话、争辩，那么只会给自己带来痛苦。

　　一个秀才和一个老农，扭打到了县太爷的公堂上。县太爷非常纳闷，不知道他们为什么会扭打在一起。细问原因，老农表示他们因为一件事争执不休，他觉得三七应该是二十四，但是秀才却觉得三七应该是二十一。

听老农说完后，县太爷说老农说得对，当场无罪释放了老农，把秀才打了二十大板。秀才不服气，直言县太爷就是糊涂官。被秀才骂之后，县太爷并没有生气，而是说："三七二十一没错，错就错在堂堂一个秀才，却和目不识丁的老农纠缠不清。"

这下秀才明白了县太爷的用意，自己身为一个有文化的秀才竟然和一个目不识丁的老农争辩，实在是可笑至极，即便争论赢了又有什么意义呢？

人与人的认知是不同的，与认知相差太大的人争论是鸡同鸭讲，给自己徒增烦恼。任何时候我们都要知道，和认知不同的人多说无益，这样纯粹是浪费自己的时间。

当你能做到与不同认知的人不再争辩了，那么你就会少很多烦恼，更好地拥抱快乐。

立场不同，无须争辩

每个人有每个人的立场，既然立场不同，那么就要克制自己的争辩欲。

在一件事上可能你是对的，也可能对方是对的，之所以会有分歧，完全就是立场不同的原因。有这样一个历史小故事就很好地说明了这点：

古代某一天，长安城里突降大雪，天气瞬间变得严寒，这时有个秀才看到这种情况诗兴大发，脱口吟出："大雪纷纷落地。"他刚说完，恰逢一个刚升迁的官员路过，正是志得意满，随声附和："尽是皇家瑞气。"因为天气变冷了，旁边一个卖棉衣发了财的商人心花怒放，也来凑热闹："再下三年何妨。"商人的这句话激怒了店铺旁边冻得瑟瑟发抖的乞丐，乞丐说："全是离谱废话！"

这就是立场不同，你不能说谁对谁错，因为谁都没有错。假如其余三人非得和乞丐争论，让乞丐同意他们的观点，那么估计他们得被乞丐骂死。

立场不同就不要去争辩，这是一种修养也是一种尊重。

克制争辩欲，是一种明智的决定

人际关系中，争辩没有任何意义，因为就算争赢了也不会得到多么庞大的好处，若是争输了，反而会让自己痛苦。争赢了没好处，争输了让自己痛苦，还不如不去争辩，守好眼前的快乐。

把和别人争辩的时间用来提升自己，时间久了，你就会变得越来越优秀，就能更好地实现自我价值。人际关系学家戴尔·卡耐基曾这样说过："天下只有一种方法能得到辩论的最大胜利，那就是像避开毒蛇和地震一样，尽量去避免和别人争论。"

当一个人懂得和别人争论没有意义，他就明白生活的真谛了，日子自然也就会过得舒心快乐了。

就怕人不明白这个道理，总是和别人争论个没完没了，不考虑认知与立场不同，完全由着自己的性子来，那么怎么可能会幸福呢？

　　不是所有的鱼儿都生活在同一片海中，认知不同的人，不要争辩；立场不同的人，不要浪费时间。当你懂得了这些，能克制住自己的争辩欲，那么你就会有一个光辉灿烂的人生。

做人要成熟，但不要世故

在人际交往中，成熟的人大家都喜欢，他们做事沉稳，情商特别高，知道怎么和别人更好地相处，和这样的人在一起如沐春风。而世故的人就完全不一样了，他们充满算计，与人相处时总想占便宜。

因此，我们要做一个成熟的人，但不能做一个世故的人。成熟会让我们的人际关系更和谐，让我们能更好地走好未来的路，而世故只会让身边的朋友离我们越来越远，让我们很难有好的发展。

成熟的人是知世故而不世故，世故的人则是小人，很难有好未来。

世故的人，往往懂得算计

与别人相处的过程中，倘若你总是算计别人，那么到头来可能竹篮打水一场空。你想着算计别人，别人并不是不知道，之所以不戳破你，是不想闹得太僵。算计别人可能会得到一时的好处，却很难得到一世的好处，早晚会搬起石头砸了自己的脚。

古时候，有一家人做饭用的大锅漏了，于是就请来补锅匠帮忙补锅。补锅匠到了以后，拿出自己补锅用的铁片对主人说："我要先刮掉锅下面的锅灰，你去帮我打一盆水吧，等一会儿刮完之后要清洗一下。"趁着主人去打水的空当，补锅匠用铁锤在锅上狠狠地敲了几下，把锅的裂痕给敲大了。

等到主人回来，补锅匠心不跳脸不红地说道："你家这口锅的裂痕太长了，因为被厚厚的锅底灰遮着，所以之前看不见。按照这个情况，得多用一些钉子，多花一些时间才能补好，你可不要着急。"

主人顺着补锅匠手指的方向一看，果然不错，于是连忙道谢，说："多亏是你来修补，否则这么大的裂痕，这口锅估计就不能用了！"

最后，补锅匠把锅给修好了，多收了主人不少钱，主人还感谢连连。

补锅匠就是一个世故的人，虽然这次他通过算计赚了不少钱，但是常在河边走哪能不湿鞋呀，说不定在某一天会被别人发现，从而砸了自己的招牌。

算计别人的人是很难有大出息的，因为他们在与别人相处的过程中想的永远是利益，自然不会交到真心的朋友，时间长了也就成了孤家寡人了。

人活在这个世上，千万不要总想着算计，要把自己的心机用于正道上，这样身边的朋友才会越来越多，未来的路才会越来越好走。

真正的成熟，与世故无关

做一个成熟的人看似简单，实则有难度，因为成熟要抵挡住很多诱惑，要做到不世故，要做到享受人生而不沉湎，要历经苍凉而不消极，要以积极的心态面对生活。一个成熟的人，即便现在生活很艰难，也要始终相信自己，相信山重水复以后定然是柳暗花明。

　　大诗人刘禹锡年轻时，曾与柳宗元一起参与"永贞革新"。那段时间，他过得春风得意、鲜衣怒马。但好景不长，很快革新失败，他被贬至朗州任司马。身处异乡，经历过十年的磨砺，刘禹锡奉召回京。面对当朝权贵，刘禹锡写诗讽刺道："紫陌红尘拂面来，无人不道看花回。玄都观里桃千树，尽是刘郎去后栽。"当朝宰相武元衡因此诗震怒，刘禹锡再次被外放连州。

　　在不断被贬谪和打压中，刘禹锡度过了二十三载的漫长岁月。"巴山楚水凄凉地，二十三年弃置身"，此般遭遇，也并未让刘禹锡心灰意冷。他在世事洞明、千帆过尽后，依然天真不泯。

面对凄凉生活，刘禹锡并没有悲观，也没有把自己看成这个世上最倒霉的人，而是用豁达的心去面对这一切，这才是真正的成熟。

　　人生在世，总有不顺心，一个人只有做到世事洞穿、天真不泯才是最大的明智，即使看清了人情冷暖，也依然不改赤子之心。

越成熟的人，越天真

　　我们常说"千帆过尽，归来仍是少年"。这句话的意思是经历了很多事情、见过很多人后，仍然保持年轻的心态和热爱生活的精神。

　　千帆过尽自然经历过生活的洗礼，倘若归来仍是少年，那么一个人就是真正成熟了。

我们年纪越大，越发现真正的成熟并非被世俗磨去棱角，变得世故而实际，而是见识过命运的无常、人性的复杂，依然能够以一颗赤诚而坦然的心面对生活。罗曼·罗兰曾说："世界上只有一种英雄主义，那就是在认清生活真相后依然热爱生活。"

真正成熟的人具备这种英雄主义，他们知道自己内心的渴求，即便生活很难，也会保持初心，不去做违背初心的人，不让自己成为一个世故的人。

人生很短，愿我们每个人都有大人的成熟也有孩子的天真，知世故而不世故，永远做那个意气风发的归来少年！

别让"不好意思"害了你

在人际交往中，有很多人因为不好意思，明明某件事自己不想这么做，可最后还是违心做了，宁愿委屈自己也不愿意拒绝。他们以为这样就能更好地和别人相处，实际上并不能，他们的不好意思只会让别人更好意思。

一个人越是做不到拒绝，别人越会肆无忌惮，越不会考虑你的感受。任何时候我们都要知道，不懂得拒绝就会活得辛苦，老想着当好人，那么好人就越难当。

真正有手腕的人，都是"好意思"的人。他们懂得拒绝，只要一件事违背了自己的初心，就不会去做，不会为了别人而委屈自己。

你越不好意思，别人越会好意思

生而为人，我们要勇于表达自己的观点，心里怎么想的就要怎么说，不要考虑太多，不要总想着不好意思，因为你的不好意思可能会害了你。你能亮明自己的态度，那么别人也就不会肆无忌惮。

有一位男子首次进高档理发厅，他不懂里面的收费标准和洗头理发步骤，也不好意思问，面对服务员的热情迎接，只好强要面子。

　　看到男子，服务员笑着说："先生，先到二楼洗个头吧？"男子本来想拒绝，但还是嘴快地说了个"好"。洗完头，理发师建议："先生，您头发有点白，染一个吧。"男子还是不好意思拒绝。当自己的头发染黑了，理发师问："先生，您想理什么发型？"男子表示自己想理个光头。

　　这是一则笑话。但是如果刚开始男子就明确表示自己想理个光头，那么还会出什么问题呢？可是男子并没有这么做，因为不好意思，而让理发师弄成了这样。

　　生活中有不少类似这名男子的人，他们总是碍于面子而不好意思拒绝别人，到头来只能给自己添堵和带来麻烦，让自己活在痛苦中。

　　太宰治在《人间失格》中写道："我的不幸，恰恰在于我缺乏拒绝的能力。"当一个人缺乏拒绝的能力，那么他就是不幸的，很难把日子过成自己想要的样子。

懂得拒绝，才能活得洒脱

　　做人，不要害怕拒绝别人，如果你觉得拒绝别人会影响你和对方的关系，那么就更要拒绝，因被拒绝而疏远你的人是不值得相处的。真正把你当朋友的人，是不会因为你的拒绝和你疏远的，他会理解你。

　　小孙特别有意思，上班的时候总是替同事们工作，自己的工作完全做不完，每次同事们把工作丢给他，他特别想拒绝，但最后还是忍住了，害怕拒绝了，同事们会疏远他。

老板看到后，故意给他多安排一些工作，并叮嘱他一定要做完，否则就别来了。这下小孙犯了难，倘若只是做这些工作，完全没问题，但如果加上同事的工作一起做，那么就很难做完了。万般无奈之下，小孙拒绝了同事的工作。

他原本以为自己拒绝了以后，同事会和他疏远，不承想完全不是，同事们该怎样还是怎样。

作家三毛曾说："不要害怕拒绝别人，如果自己的理由出于正当。当一个人开口提出要求的时候，他的心里已经预备好了两种答案。所以，给他任何一个其中的答案，都是意料中的。"

你的拒绝并不会让对方生气，你的不拒绝只会让自己生闷气。

拒绝，是一个人的权利

拒绝是一个人的权利，你有权利这么做，不能因为不好意思而选择不去拒绝。

当你选择不拒绝而只会给自己添堵时，为何不拒绝呢？永远不要害怕因为拒绝而让一段关系破裂，一段让你委曲求全的关系是不值得去维系的，做自己就好，总是一味地去成全别人的请求，让自己付出得越来越多，委屈的永远是自己。长期成全别人，还会让别人觉得你的时间和精力很廉价。

不懂得拒绝并不代表你会维护关系，也不代表你的能力强，只会让人觉得你好欺负而已。因此，做人要懂得拒绝。

第二章

做事有手腕，
成事有方法

大处着眼，小处着手

《道德经》说："图难于其易，为大于其细。天下难事，必作于易；天下大事，必作于细。"简单来说，做大事的人喜欢从大处着眼，他们会放大自己的格局，不会鼠目寸光，做任何事都全面把控，懂得站在高处看人生。大处着眼是格局，但再大的格局也需要去做具体的小事，这就是小处着手。大丈夫虽然要做到做事不拘小节，但是也不能一屋不扫，否则难以扫天下。

有手腕的人待人做事都是从大处着眼，小处着手。他们看待事物不停留在表面，而是透过现象看本质；抓住本质后，再扎扎实实地从一点一滴做起。

大处着眼，是大格局

我们这一生会遇到很多事，有很多烦恼，不同的是有些人不计较，心胸特别宽广，有些人则特别喜欢计较，事情明明还有转机，看到的却是死路。试问这样的人怎么可能实现自己的人生价值呢？一个没有大格局的人，胸襟太窄，未来的路充满荆棘。

作家马未都曾在节目上说过这样一件事：他们家的保姆什么都好，就是有个坏习惯，总喜欢拿他家的东西。虽然对方从来没有拿贵重的物品，但也让马未都心里非常不舒服。

这位保姆是眼界窄的人，总想着占小便宜，要么拿走一头蒜、两块姜，要么弄走一些花生米什么的。保姆拿这些东西也被马未都抓过现行，马未都本来想把对方开除，但还是选择算了，尝试跟对方好好沟通。可是保姆坚决不改，后来，马未都实在受不了了，只好选择开除对方。

当一个人做事从小处着眼了，是很难有好未来的，因为这样的人缺的是思想、眼界和格局，能力反而成了可有可无的东西。

生活中，有些人看似精明，可眼光总是盯着方寸间，考虑眼前的利益，经常丢了西瓜捡芝麻。

在人际交往中，如果你目光短浅，胸无格局，那么人生之路会走得非常艰难。

小处着手，是成功的关键

一个人有了大格局、长远的眼光之后，还要学会从小处着手，因为很多时候影响成功的关键因素往往是小事。有人常常觉得小事不重要，不去考虑，最后偏偏在小事上栽了跟头。

有一家旅馆，设备陈旧，管理松懈，生意一落千丈。老板愁得睡不着觉，他聘请专家整顿，专家制订了一份详细的计划，主张把房子拆掉建造大楼，现有的工作人员一律遣散，重新招聘培训。

听到专家这样的建议后，老板有些接受不了，因为开支太大。

正当他再次发愁的时候，朋友给他介绍了另外一位专家。这位专家在全面调查旅馆的现状后，让老板更换所有房间的水龙头。新的水龙头，样式美观，操作方便，绝不漏水，客人再也不会在半夜听到滴水声。还让老板换新的被褥、充电器、空调遥控器、热水壶……一切小物件换掉之后，旅馆的生意逐渐变好。

从小处着手，往往是成功的关键。一个人总是盲目地考虑大事，忽略小事，是很难成功的。

一个人不管目标有多么崇高，不管自己的谋略有多么宏伟，也不管计划有多么完美，最终都需要落到实处、细处，只有这样才可能会成功，否则注定会失败。

大处着眼，小处着手

一个人想要更好地实现自我价值，要尽量做到从大处着眼，放大自己的格局，不要计较眼前得失。然后脚踏实地，思虑周全，从小处着手做事，不要眼高手低，总想着走捷径。当一个人做到了这两点，自然能抵达心中的彼岸。

大处着眼，是怕你不愿意吃眼前的亏，总是考虑眼前的利益，那么人生的价值就很难实现，成功就遥遥无期。小处着手，是让你一步一个脚印地走，万丈高楼平地起。

有人说，英雄做的未必都是大事，一个人可能没有机会遇到大事。的确，但若是我们做任何事都能从大处着眼，小处着手，那么是不是就有可能成就一番事业呢？

漫漫人生路，希望每个人都能做到从大处着眼，从小处着手，从而让自己的人生更加光彩夺目。

尽量避免和熟人做生意

很多人觉得和熟人做生意是不错的选择，毕竟大家都熟悉，做生意放心。其实这是最错误的想法，熟人固然好，但生意是生意，熟人是熟人。

和熟人做生意可能会对彼此的关系造成很大影响，赚不到钱了会相互埋怨，赚到钱了又会因为利益分配而闹矛盾。因为是熟人，彼此间的这点事用不了多久，大家就都知道，颜面难看，相处更加尴尬。

和熟人做生意会很累，甚至会使一个人身心俱疲。有手腕的人知道和熟人做生意的危害，所以他们宁愿没有合伙人也不会和熟人做生意。

界限不明确，容易有误会

跟熟人做生意，最大的缺点是界限很难划分好，常因界限不明确而产生误会。界限不明确，又掺杂利益，问题就更大了，很容易让彼此的关系破裂，成为熟悉的陌生人。

做生意讲究各司其职，和陌生人合伙做生意，每个人会管好自己的一亩三分地，但熟人不一样，他可能什么都想管，最后什么也管不好。

前段时间，王强想开一家饭店，由于手里的钱不多，他便想找个合伙人。本来王强想用招募的方式，但当好朋友听说他要开饭店，便决定入一股。当时王强没有想那么多就答应了。

开店之前，两个人说好了，王强负责营销，朋友负责后厨，但是做起来就不一样了。因为饭店刚开始，所以没多少客户，朋友就坐不住了，经常问王强怎么做营销的，王强也一肚子委屈，因为他一直在努力做。

于是朋友经常插手营销的事，这又让王强心里非常不舒服，明明是合伙的生意，现在看来好像自己是朋友的下级。看不惯朋友这样，王强就和朋友提了自己的想法，谁知道朋友还觉得自己有理，他抱怨王强不懂得营销才导致饭店生意不好。

就这样，两个人越吵越厉害，最后干脆散伙。

熟人之间，很多事无法明确界限，无法明确就会出问题，所以尽量避免和熟人做生意。

发生纠纷，很难处理

朋友遇到困难寻求你的帮助，你出手帮忙自然是没问题，但千万不要涉足对方的生意，更不要付出时间精力去参与，否则可能会输得很惨。

当朋友邀请你合伙做生意的时候，会承诺给你很多让利，这些利益实现了固然好，若是实现不了呢？一旦实现不了，朋友之间的友谊就会受到巨大的影响，彼此的关系也就破裂了。

小林的朋友做自媒体公司，觉得小林写东西非常不错，便想让其加入，给出的待遇非常高，当时小林觉得给别人写也是写，还不如给朋友写，于是去了朋友的公司。小林写了很多文章，有很多成为爆款，但是分钱的时候，朋友却给他很少的钱，表示现在公司是上升期，让他暂时委屈一下，将来一定补上。

听朋友这么说，小林也没有说什么，毕竟朋友嘛，于是他继续选择坚持。他原本以为坚持到最后就会得到自己想要的，没想到朋友只是给自己画饼。一气之下，小林离开了朋友的公司。

熟人之间就是这样，对方承诺了给你让利，到时候却不给，你也不好意思要，只能干着急，最后往往产生巨大的利益纠纷，还不如不合伙。

熟人之间，要保持界限

人与人之间是要保持界限的，尤其是熟人之间。和熟人在一起不要总想着好的方面，因为还有不好的方面。

马克思曾说过这样的话："人生离不开友谊，但要得到真正的友谊很不容易。友谊总需要忠诚去播种，用热情去灌溉，用原则去培养，用谅解去护理。"

人生很短，拥有一段好的关系并不容易，既然拥有了就要好好维护，尽量不要跟熟人做生意，尤其是违背原则、底线的生意，这样彼此的关系才会长久和谐。

敢想敢干，成功一半

这个世界上每个人都有梦想，但并不是每个人都有实现梦想的勇气。我们不否认实现梦想需要一些条件，但就算条件再合适，一部分人还是不会付诸行动，一样难以实现梦想。

有梦想固然好，但如果不去做，梦想就成了空想，一个人若是能做到敢想敢干，那么就等于成功了一半。我们想得到很多东西，可是想要和得到中间还有很多事要做，倘若做不到，那么想得再好也没用。

既然想要，就不要一直想，就要付诸行动，一个人能否成事不是看他的想法有多好，而是看他有多强的行动力。

只想不做，往往会一事无成

想一件事非常容易，做一件事则很难，如果所有的事你只是停留在想的层面，那么这辈子你将注定一事无成。

如果你想减肥，那么就立刻去运动，而不是一遍又一遍地制订计划；如果你想得到自己想要的，就要去努力，而不是一直在等。任何时候我们都要知道，成功的前提是想和做，不能只想不做，否则不过是浪费时间；也不能只做不想，否则会事倍功半。

五年前，王娟想通过自学考试考个本科，然后考教师编，当她把自己的想法和朋友说的时候，大家完全赞同。原本大家以为王娟有了这个想法之后就会拼命学习，但没想到她只是想想而已，一年又一年过去了，她什么都没有做，甚至连报名都没有报。

有人问她原因，王娟表示自己还没有准备好。直到五年过去了，王娟依然没有拿到自考本科毕业证。如今就算她想努力了，也已经晚了，因为等她毕业后，考教师编的年龄会受到限制。

现在王娟特别后悔，因为她已经失去了考教师编的机会，她表示如果能重来，那么自己绝对不会这样，而是认真备考，实现自己的人生价值。

可是人生是一条单行道，过去了就永远过去了，无法重来。

生活中，很多人就是这样，他们有很多好的想法，但就是不行动，很难迈出第一步，甚至会一直停留在原地。无法取得成功后抱怨自己能力差，其实他们并不是能力差，而是不愿意行动罢了。行动和不行动的人得到的东西是不一样的。

敢想还要敢干，这样才会成功

想到好的项目就不要犹豫了，因为在你犹豫的过程中机会可能流逝，所以与其犹犹豫豫，不如果断行动。就算失败了也没有什么，至少我们给自己积累了经验；若是成功了，那自然是幸事一件。

一个人无论做什么事情，只有做到敢想敢干，才能更容易靠近成功。若你只是敢想，从来不敢干，那么就算拥有再好的想法也没用，一个敢想敢干的人未来不会过得太差。

有一句话很能引人共鸣："知道这么多道理，依旧过不好这一生，就是因为99.99%的道理都不能通往行动。"

一个人就算道理知道得再多，不去行动又有什么用呢？一个没有超强行动力的人是很难成事的。

行动起来，才能得偿所愿

诚然，行动的过程会很苦，但就算再苦也要坚持下来，因为如果你不坚持行动，想要的永远无法得到，自己的人生价值也很难实现。如果现在有目标，那么就不要考虑太多，直接行动起来。

这个世界从来不存在不行动就能得偿所愿的事，你不去行动，别人行动了，那么别人就会得偿所愿，而你则只有羡慕的份。

任何时候我们都要知道，机会是留给愿意行动的人的，如果你不想行动，那就是不想把握机会，自然无法实现自己的人生价值。而敢于行动的人从来不会害怕时间早晚，因为他们知道如果现在不去行动，那么机会就会越来越少，等到自己彻底明白的时候，可能就真的晚了。

人生不过短短几个秋，从现在开始你要行动起来，因为只有行动起来一切才会得偿所愿，当你实现了自己的人生价值后，一定会感谢那个曾经敢想敢做的自己。

要在雨前修好伞，别在雨来才知伞坏

俗语有云："晴带雨伞，饱带干粮。"可大多数人没有这个觉悟，总是在下雨的时候才知道找伞，在饥饿的时候才想起来做饭，这就是不懂未雨绸缪。

人生的每一刻，我们都要提前做好准备，虽然提前做好准备可能会有备而无用，但是至少不会让我们在事情发生时手忙脚乱。懂得提前做好准备的人是明智的人，他们不会让问题打自己个措手不及。

没有人知道明天和意外哪一个先来，因此我们就要提前做好准备，这样即便遇到了意外也能从容面对。

凡事提前做好准备并不难，但是大多数人做不到，说到底是没有预知风险的能力。

晴天修好伞，下雨才不会被淋

下雨的时候我们才知道有一把伞的重要性，只要手里有伞，就不会淋雨，若发现伞坏了，我们只能抱怨。可是抱怨有什么用呢？抱怨到最后依然没有一把可以挡雨的伞，等到雨过天晴后又不愿意修，总觉得天晴了就没必要修了。

一个人无论做任何事只有提前做好准备，才不会遇事惊慌失措。

　　因为时代的发展，某地高速收费站被取消了，这个时候收费站的人员才后悔自己没有早做打算。其中一位36岁的女收费员哭诉："我都这么大了，我一生中最好的年华都奉献在这儿，如今下岗，我什么都不会，家里还有老人、小孩，今后这日子可怎么办呀？"

　　乍一看这位女收费员挺可怜的，自己把最好的年华奉献给收费站了，觉得一切都没有问题，觉得自己找到了铁饭碗，一辈子也不会出问题了，没想到在人生的黄金阶段失业了。

　　其实生活就是这样，任何行业都有风险，我们要时刻做到居安思危，尽量提高自己的生存技能，这样才能遇事不出问题。

　　试想一下，如果这位女士参加工作后，努力提升自己的技能，那么现在还会出问题吗？即便收费站取缔了，凭着自己技能高，依然可以找到好的工作。但她并没有这么做，只是轻轻松松做着任何人都可以取代的收费工作，以为一辈子都不会失业，结果出现这种情况，又能怪谁呢？

　　人生并不像我们想的那样一帆风顺，意外从来不会等你准备好才来，它悄然而至时，如果你只会惊慌失措，后悔没有早做点什么，那人生一定不是成功的。

　　真正聪明的人懂得未雨绸缪，而不是临渴掘井。任何时候机会都瞄准有准备的人，当你准备好了，机会自然就来了。

　　做人做事，凡事多想一层，先走一步，才能让你的人生游刃有余。

做到未雨绸缪，人生才会更美好

　　人人都想有一个美好的人生，可我们要知道美好的人生是规划出来的，不是走一步看一步。

电视剧《天道》中，当丁元英的公司被对手林雨峰以价格问题告上法庭时，身为旁观者的伯爵公司的老板苏逸文，在得知消息后立即召开了紧急会议。

虽然伯爵与其他两家公司分属不同品类，但丁元英敢叫板龙头老大的做法，让苏逸文隐隐有些不安。

会议中，大家纷纷说出自己的调查数据，并提出这场官司可能对公司造成的影响。最后，因为事先做足了准备，伯爵公司不仅收购了丁元英的公司，瓜分了市场，还多了一条成本低廉的生产线。

试想一下，如果伯爵公司没有未雨绸缪，而是任凭事态发展，那么会给自己造成多大的影响？到时候可能连后悔都来不及。

我们这一生，有契机也会有危机，一个人只有做到思于当下谋于未来，才能从危机中抓住契机，从而更好地实现自我价值。

提前准备，有备无患

机会总是留给有准备的人，能够取得成功的人并不是多么聪明，而是懂得准备。我们不管做人还是做事，只要能多想几步，提前做好准备，那么就不会有大问题。

无论何时我们都要养成提前准备的习惯，提前修好坏掉的伞，在阳光明媚的时候修好漏雨的房屋。

人生有很多机会，但我们要知道机会稍纵即逝，我们只有抢占先机，才能把主动权掌握在自己的手里，才能从容应对一切变化。

未来的日子里，愿我们每个人都懂得这个道理，这样即使风暴来临，我们也能安然无恙。

小事干不成的人，往往很难干成大事

每个人都有远大的目标，都想干大事，觉得只有这样才能实现自己的人生价值。干大事固然厉害，但如果一个人连小事都干不好，怎么可能干成大事呢？一件小事干不成的人，是很难干成大事的。

这个世界上的任何大事、大理想、大目标，都由一件件小事构成，我们只有把小事做好了，才能去做大事，小事是成就大事的基础。

人这一生要经历很多事，每件事都是用来考验和提升我们的，倘若我们能做到在小事上修炼心性，那么定会做成大事，实现自己的人生价值。

做好小事，才能成就大事

生活中，有些人不屑于做小事，觉得小事无法体现自己的价值，只想做大事，可是等到最后也没有做成大事。这个时候他们往往抱怨命运，觉得自己生不逢时，没有遇到做大事的机会。实际上真的是这样吗？连小事都做不好的人怎么可能做成大事呢？

一个人不是经常要处理大事的，在没有遇到大事时把眼下的小事做好，这就是为将来铺路搭桥。小事做好了，做到极致了，才可能做成大事。

小时候，克洛克每天放学都去快餐店打工。刚开始他的工作是擦桌子，这让他觉得毫无干劲，因为他的理想是当老板，而不是做这种简单小事。当他向父亲抱怨的时候，父亲并没有安慰他，而是叫他把家里的桌子擦干净。

接着，父亲拿来一块崭新的白毛巾，在刚擦过的桌面上轻轻一擦，毛巾立即就脏了。克洛克十分羞愧，此后每次擦桌子都会准备五条毛巾，依次擦五遍，而且只朝一个方向擦，避免重复抹擦污染桌面。

后来，克洛克得到老板的赏识，真的成了那家快餐店的老板。十年后，他创立了自己的餐饮公司——麦当劳。

克洛克之所以能成为麦当劳的老板得益于他能把小事做好，如果他没有把小事做好，那么也不会得到老板的器重，更不会成就大事。

大事和小事并没有那么泾渭分明，小事是大事的基础，大事是小事的升华，正如海尔创始人张瑞敏说的："把每一件简单的小事做好，就是不简单；把每一件平凡的小事做好，就是不平凡。"

做事的态度，决定人生的高度

人这一生，会遇到很多不容易的事情，这个时候你对事情的态度就特别重要，甚至可以说你怎么对待事情，就会过怎样的人生。如果你总是抱怨，觉得自己是世上最倒霉的人，不想去做小事，总想着做惊天动地的大事，那么很难有好的未来。

赵科大学毕业之后，想凭借创业来改变自己的命运，但是很遗憾，虽然他做足了准备，最后创业还是失败了。朋友得知他创业失败后，怕他想不开，第一时间去安慰他。朋友以为他会怨天尤人，痛不欲生，但没想到赵科云淡风轻，完全没当回事。

朋友问他："不难受吗？"赵科表示不难受是假的，但是"难受又有什么用呢？生活还要继续"。赵科觉得既然自己注定做不成大事，那么做好小事也未尝不可。

一个人拥有什么样的态度，便拥有什么样的风景。生活犹如一面镜子，你用什么态度对待它，它便折射出什么样子。赵科处变不惊，不沉沦在失败的痛苦中，注定能成大事。

事不在大小，关键看你怎么面对

并不是有的人天生做大事，有的人只能做小事，一个人做大事还是做小事只与自己有关系。如果你总想着做大事，那么这一生可能什么事都做不好；如果你能把眼前的小事做到极致，那么也会得到自己想要的。就怕你眼高手低，觉得小事不值得做，大事做不成，那么自然很难有好的未来了。

我们这一生很短，遇到大事要比遇到小事的概率小得多，所以我们需要做好身边的小事，当你真正做好了身边的小事，你就是了不起的人。

任何时候都不要忽略身边的每一件小事，因为只有把小事做好，才能取得更大的成功。一个人只有用心对待自己遇到的小事，才能克服万难，取得成功，让自己拥有一个光辉灿烂的人生。

做事要善始善终

我们常说万事开头难，可如果一件事不能坚持做下去，那么就算头开好了又有什么用呢？生活中，很多人一开始做得很好，但很难坚持下来。不能做到善始善终，总是只管开始不管结果，那么这样的人是不会有好未来的。

善始容易，善终很难，因为善始只需要一次爆发，而善终则需要漫长地坚持。很多人做事往往只是三分钟热度，刚开始的时候雄心壮志、特别兴奋，但很快就坚持不下去了。世上有很多失败也是缺乏善始善终的精神导致的。

善始容易，善终难

很多事开头很难，而一些人再难也会开始去做，这很好，但让他们坚持下来就不行了，他们往往是把开头的困难解决后没有得到自己想要的，就放弃了。殊不知他们的放弃会给他们带来后悔，因为他们只需要在已打好的基础上再坚持一点点就好了，可是他们并没有这么做。

在美国西部的"淘金热"中，有一个人挖到了金矿。他高兴极了，越挖掘感觉希望越高，后来矿脉突然消失了。他继续挖掘，但努力了好长一阵子都不见矿脉。最后，他无法接受这个结果，觉得继续下去只会浪费时间，因此选择了放弃。

他把机器便宜卖给一位老人后，便坐火车回家了。这个时候他还庆幸自己的决定，因为他觉得老人是不会挖到金矿的，继续下去只会赔得更多。

买到机器之后，老人请了一位采矿工程师，没想到在距原来停止开采的地下三尺处挖到了金矿。

一件事情不到最后我们并不知道结果，此时我们唯一能做的就是坚持再坚持，直到最后。就怕你不愿意坚持，善始了却无法做到善终，无法做到善终，就常常不会拥有好的结果。

有手腕的人做事善始善终，他们做一件事，要么不开始，要么开始了就会坚持下来，因此他们运气不会太差。

半途而废的人，往往很难有大出息

只会善始的人大多数是三分钟热度的人，这样的人往往很难有大出息。他们无法做到坚持，做任何事都摇摆不定，听到什么就去做什么，迫切想要结果，可往往结果是需要坚持的，不能立竿见影。一个人只付出了三分钟就想得到自己想要的结果，这几乎是不可能的事。

很多事不要看着别人做就去做，也不要做了一会儿就放弃，否则将会一事无成。

王昆迷上了摆摊，觉得上班不如摆地摊。看到做烤肠赚钱，于是他买了做烤肠的设备，但做了没几天就因为很累、来钱少放弃了。又听说卖水果赚钱，他就购买了一些水果，可卖了几天也没有卖多少，大多数水果都烂了。

王昆尝试了很多地摊生意，但都没有赚到钱，每次都是浅尝辄止，并断定这个生意不赚钱。可实际上并不是这样，他只是三分钟热度，并没有坚持下来，他不知道无论做什么生意都需要慢慢累积客源。没有客源自然很难做起来，而想拥有客源就需要坚持。

这个世界上无论从事什么行业，都必须付出长时间的努力和坚持，短则五年，长则二三十年，都是很正常的事情。如果你不能坚持下来，那么是很难成功的。

"冰冻三尺，非一日之寒"，成功没有一蹴而就，只有坚持到最后才会有好结果。

优秀的人会善始善终

每个人都想成为优秀的人，你可能觉得让自己变得优秀很难，实则不是，你只要做事善始善终、持之以恒，定会实现自己的人生价值，成为优秀的人。

任何时候都要知道再优秀的人也只是普通人，促使他们成功的因素，无外乎强烈的事业心、吃苦耐劳的干劲、持之以恒的毅力和善始善终的精神。

优秀的人都是持之以恒的人，他们开始做某件事后都会选择坚持，即便暂时没有得到自己想要的结果，依然选择坚持。他们知道坚持到最后就可能会有好结果，就算最后没有得到自己想要的结果，也不会有遗憾。

　　余生漫漫，愿我们每一个人都能做到善始善终，都能通过努力得到想要的，把日子过成自己喜欢的样子。

第三章

做人懂分寸，
处世知进退

做人懂分寸，处世知进退

　　人与人相处贵在舒服，若是舒服，关系就会长久；如若不然，则彼此的关系就到头了。那么怎么做才可以呢？不过是为人处世懂分寸、知进退而已。

　　在人际关系中，就算彼此的关系再好，也要注意分寸，不注意分寸，靠得太近，可能是一场灾难。在生活中，我们不论和谁相处都要保持边界感，只有这样彼此的关系才会长久稳定。

　　做人做事要懂得审时度势，明白自己所处的环境，该进则进，该退则退，这样才能走得长远。

懂分寸，路才会更好走

　　在人际交往中，有分寸感的交往可以为人际关系增砖添瓦；没有分寸感的交往，只会给人际关系添加负担。不只是陌生人之间要注意分寸，朋友之间也要注意分寸，有些分寸没有把握好，彼此的关系可能就会变得很差，甚至可能会反目成仇。

　　《南齐书》中讲了这样一个故事。

南朝时，齐高帝与书法家王僧虔一起研习书法。有一次，高帝问王僧虔说："你和我谁的字更好？"面对高帝突然抛过来的问题，王僧虔迟疑了一下。这个问题比较难回答，说高帝的字比自己好，是违心之言，甚至可能会被高帝认为是溜须拍马；说高帝的字不如自己，又会使高帝的面子挂不住，弄不好还会使君臣关系变得很糟糕。

王僧虔想了想，巧妙地回答："我的字臣中最好，您的字君中最好。"皇帝就那么几个，而臣子不计其数，在皇帝中称第一可能还不如臣子里的中等，谁的字最好，不言而喻了。

高帝也是聪明人，瞬间领悟了言外之意，哈哈一笑地作罢，不再提这事了。

此事中王僧虔是特别有分寸感的人，倘若他做事没有分寸，直接说出谁的字好谁的字不好，就可能会给自己带来很大的麻烦。

分寸感说到底就是给别人留面子。一个人懂分寸，就不会让对方尴尬，那么对方自然不会步步紧逼，也知道退让。

分寸感就是一种高情商，它让我们在为人处世时既不和对方靠得太近，也不会离得太远，做到举止有度、说话得体。一个人把分寸感拿捏得恰到好处，那么人际关系也就和谐了。

知进退，才能更好地实现自我价值

有道是"大丈夫能屈能伸"，当环境对自己极其不利的时候，就要懂得"退"。若总想着一直前进，可能会让南墙撞破头，甚至直接没有机会了。退一步并不丢人，退也不是窝囊，而是留得青山在、给自己积蓄力量，假以时日，当自己足够强大的时候再做进一步打算也不迟。

一个人只有做到知进退、能屈能伸，才能更好地实现自我价值。

　　秦朝末期，有一天一群无赖在大街上遇到韩信，有意刁难、羞辱他。其中一个屠夫对韩信说："你虽然人长得高大，整天又是佩刀，又是带剑的，可是你这个人胆子很小。如果你不怕死，就拿剑刺我；要是你怕死不敢刺的话，就从我的胯下钻过去。"韩信看着对方，思虑一番，觉得为这件事而死实在不值得，于是当着街上围观众人的面，从这个屠夫胯下钻了过去。

　　后来韩信飞黄腾达后，那个屠夫被吓得不轻。谁知韩信却赏赐了那个屠夫，并且对他说，自己当年不是不敢奋起搏杀，只是在权衡利弊之后，觉得不能为逞一时之勇而放弃今后建功立业的机会。

如果韩信当时不懂退，而是选择和屠夫硬拼，说不定会吃亏，就谈不上后来的建功立业了。

暂时的退让与委屈并没有什么，只要我们该进的时候就进，早晚会得到自己想要的。

尽量不要得罪小人

在人情世故中，我们会遇到形形色色的人，有些人是正人君子，有些人则是阴险的小人，我们要做到宁愿得罪君子也不要得罪小人，否则可能会给自己带来很大的麻烦。

君子正直，不会暗地里使坏，但是小人不一样，他们总是想着给你使绊子，一旦你过得比他们好，那么他们就会想办法给你制造麻烦。倘若你和他们一般见识了，那么就正好中了圈套，让自己身陷困境。并且我们在任何时候都要知道小人会利用我们的善良，利用我们的简单接近我们，然后狠狠伤害我们。

所以，在人际交往中我们要尽量远离小人，更不要得罪小人。

害人之心不可有，防人之心不可无

在这个世界上并不是你拿出真心就一定能换来真心，你的真心很大程度上换来的可能是假意。不论与谁相处，都要有一个防人之心，在没有彻底了解对方的情况下，做好预防，也只有这样才不会给自己带来麻烦。更不要因为几句甜言蜜语就把某人当真正的朋友，若你遇到的是小人，等明白的时候就晚了。

与君子相交，当你遇到困难的时候他们会雪中送炭，小人则总想着占你的便宜，杀人于无形中。小人如果暂时没有得势，可能对你构不成威胁，若一旦得势则就完全不一样了。

　　唐朝名将郭子仪，不仅在战场上战无不胜、攻无不克，而且在待人处事中，还是一个特别善于对付小人的高手。

　　郭子仪与小人打交道的秘诀就是尽量不要得罪。"安史之乱"平定后，郭子仪作为重要的有功之臣位极人臣，但他为防小人嫉妒，活得比原来更加小心。有个叫卢杞的官员前来探望正在生病的郭子仪，郭子仪听到门人的报告后，立即让身边人回避，独自接见客人。卢杞走后，大家不解，问郭子仪："许多官员都来探望您，您从来不让我们躲避，为什么此人前来就让我们都躲起来呢？"

　　郭子仪表示，卢杞相貌极为丑陋，而内心又十分阴险，如果大家看到他万一忍不住失声发笑，那么他一定会记恨，将来掌权时，一定会报复的。

　　郭子仪很了解这名官员，所以在与他打交道时小心谨慎，尽量不去得罪对方。后来，卢杞当了宰相，把所有以前得罪过他的人统统除掉了，唯独郭子仪逃过一劫。

有手腕的人，宁与君子争辩不休，不与小人说句话；宁愿与君子处事，也不与小人交朋友。

小人，往往以利益为重

在小人的价值观里，是没有感情的，完全是利益，他们有奶便是娘，为人处世毫无原则。这样的人用着你的时候会一直说你好，用不着你的时候则就不一样了。他们能把你捧上天，瞬息之间也能把你踩在脚底。

和总是讲利益的人相处特别累，在他们的世界里，处处充满算计。你想好好相处，可对方并不这么想；你想怎么帮助对方，可对方却想怎么害你。所以对于以利益为重的小人，最好的办法就是远离，千万不要轻易得罪他们。

讲义气也要有底线

在人际关系中，我们特别喜欢讲义气的人，觉得这样的人真诚，会为了朋友两肋插刀，不仅如此，我们也想做一个讲义气的人。

讲义气固然是好事，但你要知道讲义气也是有底线的，如果超过了这个底线，义气就不是义气了，很可能会给自己带来很大的伤害。

与人交往，情谊是情谊，规则是规则，生意是生意，这完全是不能混为一谈的，如果总想着讲义气，那么很难打胜仗，生意也很难赚到钱。虽然是讲了义气，但是结果很糟糕，甚至可能满盘皆输。

带兵讲义气，是大忌

常言道："慈不带兵，义不养财，善不为官，情不立事，仁不从政。"
《三国演义》相信不少读者看过，其中诸葛亮挥泪斩马谡的情景令人印象深刻。

马谡是诸葛亮非常欣赏的人，诸葛亮派马谡镇守街亭，但马谡因为骄傲自大导致街亭被攻破。而街亭对于蜀、魏都至关重要，还关系到整个蜀国的安危，一旦街亭失守，那么蜀国就处在危险中了。

原本诸葛亮就觉得马谡守街亭不靠谱，但因为马谡信誓旦旦，还立下了军令状，说如果街亭失守，就以死谢罪，所以诸葛亮也就勉强让他去了。

虽然诸葛亮再三叮嘱，但是街亭还是失守了，他不得不亲手斩了马谡。当时很多人为马谡求情，诸葛亮也很犹豫，但如果他重义气不把马谡斩了，那么军令状也就没用了，以后可能更多的人会把军令状当成儿戏。权衡再三之后，诸葛亮还是挥泪斩了马谡。

只考虑义气，诸葛亮完全不用斩马谡，毕竟马谡也是不可多得的人才，还是自己的徒弟，可是拿军令状当儿戏，不讲纪律和原则，最后的结果只能是惨败。

做生意，不应太重义气

任何时候都要知道义气是义气，生意是生意，两者不能混为一谈，如果你总想着讲义气，那么做生意是赚不到钱的。

做生意需要童叟无欺，但是该赚的钱还是要赚。如果你只想着讲义气、讲感情，赚一分都不好意思，那自然赚不到钱。

曾看过这样一个故事，挺有感触的。

有一位大哥，凭借自己的努力和运气，好不容易挣到了很大一笔钱。于是他立刻回到自己的老家开起了饭馆，想着下辈子靠着这个饭馆过日子。大哥想得很好，让人没有想到的是，仅仅用了半年不到的时间，他的饭馆就宣布关闭。

　　为什么会这样呢？原来是这位大哥太讲义气了。开饭馆之后，他曾经的那些朋友、同学，甚至那些仅仅只是点头之交的熟人来饭馆吃饭的时候，他从来都不好意思让他们买单。不仅如此，每次他的那些熟人要主动买单的时候，大哥还会表现得非常生气，所以久而久之，这位大哥的熟人都养成了吃饭不买单的习惯。

　　做生意，这位大哥的做法是不可取的。如果他做生意不是总想着讲义气，那么熟人也不会来白吃，饭馆更不可能关门大吉。

　　如果一个人做生意总想着讲这样的义气，那么他很难赚到钱，也注定会失败。

巧妙拒绝，不伤感情又能赢得谅解

在人际交往中，我们会遇到形形色色的人，通常情况下对于朋友的要求我们是不会拒绝的，可有时有些要求超出了我们能承受的范围，而且我们越是不拒绝，对方越是肆无忌惮。但如果拒绝了朋友，又担心影响了彼此的感情，让人特别矛盾。

拒绝是讲究方法的，倘若是直接拒绝，可能真的会影响感情，如果讲究方法，不仅能很好地做到拒绝，而且还不会让彼此的关系受到影响。

拖延拒绝

大家都是聪明人，很多话不用明说，点到即可，对方自然会明白你的意思。

当对方想让你帮自己办事的时候，没必要一口拒绝，否则很容易让对方反感，不如拖延一段时间，等你拖了一段时间之后，对方可能就不会找你了，因为拖延会给对方带去两个信息：要么是被拒绝了，要么是你确实办不了。

但无论怎样，对方都不会继续纠缠你了，因为他知道继续等下去没意义。

拖延是拒绝的一种办法，这样可以化解彼此的尴尬，让彼此的关系不至于那么紧张，而直接拒绝则没有这样的效果。

调整对话焦点，反客为主

这种拒绝方式很简单，但很有效果。当你调整对话焦点、转换矛盾点后，对方就会知难而退，你的目的也就达到了。

前段时间，有一个多年不联系的朋友找王志借钱，当时王志完全不想借给对方，但又不想弄得太难看。

王志问对方想借多少，对方说想借两千，王志表示自己目前没有，下个月发工资，现在信用卡还有五百元没还，他想让朋友先借给自己五百元，并保证发了工资就借给他钱。

当王志这么说之后，朋友没有回复。其实，不用回复王志也知道，朋友不会再找自己借钱了。

有些人借钱并不是真的救急，而是不想着还，与其说借钱还不如说要钱。

既然你借钱对方都不借给你，那么你凭什么借给对方呢?

用未知的不确定性作挡箭牌

当别人有事找你你想拒绝的时候，那么就不要继续和对方聊天了，完全可以告诉对方明天再说。明天再说当然不是真的明天再说，而是一种拒绝。因为在大多数的时候我们今天不会想明天的事，明天的事明天再决定。明天的范围非常宽泛，也许是下周，也许是下个月，也可能很长时间之后。

因此，如果你想拒绝别人，那么完全可以用未知的不确定性当挡箭牌，这样问题就会少很多。

成年人社交规则其实很简单，很多事没必要明说，别人又不傻，自然会听出你的言外之意。

但如果面对别人的请求你上来就拒绝了，那么彼此的关系一定会受到影响，甚至会变成熟悉的陌生人。

给对方无法接受的方案

在人际交往中，如果对方发现你好说话，那么就会一直要求你做这做那，但如果发现你不好说话，那么就不会这样了。

面对别人的请求，我们完全可以给他无法接受的方案，让他自己选。因为是无法接受的方案，所以他无论怎么选都没用，也不会继续缠着你了，他已经明确知道你的态度了。

他会觉得你能力有限，根本帮不了自己，一旦他有了这样的认知，那么自然不会在你身上浪费时间，你的目的也就达到了。

巧妙拒绝，是一种智慧

拒绝是一门技巧，更是一门学问，当你学会了怎么巧妙地拒绝别人，你的人际关系就不会轻易受到影响了。就怕你心直口快地拒绝，这样别人自然不愿意与你相处，时间长了，你身边就没朋友了。

　　懂得拒绝在我们的日常生活中非常重要，对于心里一点数都没有的人一定要拒绝，别因为不好意思而委屈自己，要知道你的不好意思只会让对方更好意思。

　　哈佛大学有一项研究显示："如果一个人学会合理拒绝，就能减少生活中90%以上的麻烦，避免时间和精力上的浪费。"实际上真的是这样。

　　拒绝是一个人的权利，巧妙拒绝是一个人了不起的能力。人生不长，愿在未来的日子里，我们每个人都能做到巧妙拒绝，不给自己带来麻烦的同时也不伤害彼此的感情。

该硬时要硬，该软时要软

人在世上会遇到很多人和事，会和不同的人发生不同的交集，无论是生活中还是工作中，做人做事我们都要做到该硬的时候硬，该软的时候软。如果你该硬的时候不硬，总是一副懦弱的样子，那么是很难有好未来的。

生而为人，我们说话可以软，但做事要硬，说话要有温度，做事要有态度，这样才能经营好自己的人生。最怕你说着最硬的话，做着最软的事情，这样只会让别人更加瞧不起你。

做到该硬的时候硬，该软的时候软，并不是一件容易的事情，但正是因为不容易，才难能可贵，才对自己极其重要。

有手腕的人，知道什么时候该硬什么时候要软，他们在工作中和生活中所展现出来的魅力，都让人折服。

说话要软，这是一种温度

俗话说："良言一句三冬暖，恶语伤人六月寒。"如果你说话很硬，说的话也特别难听，那么就会让别人极其不舒服，他们就不愿意与你交往，时间久了，彼此的关系也就破裂了。

说话的时候软，是一种温度，说话软的人让人更愿意与之相处，也自然会有好的未来。

　　曾国藩早年在京做官期间，盛气凌人，说话特别生硬，他这种语气让他失去了不少朋友，也树立了很多敌人，给自己的官场之路带来了诸多不顺。后来，曾国藩发现这样做不行，如果继续下去，自己的仕途可能就完了，因此开始改变自己的语气，说话也开始变得委婉起来。

　　不仅如此，曾国藩还特别注意自己的措辞、表达，慢慢地，曾国藩逐渐形成了说话过脑、体贴他人的性格特点。正是因为说话软了，他身边的朋友才多了起来，敌人也越来越少。

倘若曾国藩不改变自己的语气而是继续说硬话，那么后果可能会很惨。

　　因为知道了说软话的好处，曾国藩曾告诫子女说话不可全凭性情，要考虑他人，说话要柔和，别逞口舌之快，控制好自己的情绪，懂得换位思考体谅别人。

　　有人说："说话要软，春风化雨，润物无声，柔软的语言、话语像清风，可以化解矛盾、增进情感。"

　　人际关系中，如果你说话的时候语气能软一点，那么就会拉近彼此的感情，让彼此的关系更加和谐。

做事要硬，这是一种态度

很多人在做事的时候总是狠不起心来，总是心软，以为这样才能处好关系，实际上并非如此，一段关系如果要靠你的软弱来维持，那么这段关系其实已经破裂了，就不要继续了。

好的关系一定是相互的，真正的朋友不会总想着从你身上赚便宜，好朋友不会总是压抑你的情绪，如果他总想着从你身上赚便宜，那么我们就要摆出强硬态度。

王成有一个朋友，刚开始他们的关系还不错，但后来完全不联系了。大家问王成原因，王成表示这样的关系不要也罢。

原来在这段关系中，王成一直委屈自己，尤其在朋友借钱这件事上总是心软。当朋友第一次找王成借钱的时候，王成想也没想就答应了，他觉得朋友一定是遇到困难了，否则也不可能找自己借钱。

本来王成以为这只是偶然的事，没想到这只是开始，朋友开始不断找王成借钱，后来王成受不了了，便不再心软，果断拒绝。

当王成拒绝之后，朋友还说不好听的，觉得朋友不重视彼此的感情，听朋友这么说后，王成只是笑了笑。因为他知道这并不是自己不重视友情，而是朋友不重视。

一个有手腕的人，做事的时候一定是有态度的，对人对事他们可以态度好，也可以态度不好，但都取决于对方怎么做。

生而为人，每个人都不傻，既然不傻那么何必为了别人而委屈自己呢？

聪明的人在做事的时候，会坚持自己的原则，不会轻易妥协，不会为了别人委屈自己，也不会因为外界的压力而违背自己的初衷。

软硬兼施，人生更顺

当一个人能做到软硬兼施了，那么人生也就会更顺，就怕该软的时候不软，该硬的时候不硬，这样只会害了自己。

我们这一生要和值得的人相处，别人对我们真心，我们也要拿出真心。别人对我们没有真心，我们也没必要拿出自己的真心，这样我们的生活才不会轻易受到影响。

软硬兼施，看似很简单，但做起来有难度，其中也蕴含着大智慧，拥有这种智慧的人这一生不会过得很差。

人生不过匆匆百年，在未来的日子里，希望我们都能学会做人做事软硬兼施的智慧，让自己以后的路越来越好走，让自己的人生越来越精彩。

功高不震主，让名可远害

　　人这一生最重要的是要有自知之明，要摆清自己的位置，就算自己的功劳再大也要多注意收敛锋芒，否则会给自己带来麻烦。

　　不仅如此，成功之人要懂得让名，不要自己一个人把好事都占了。如果在人际交往中好事都是你的，坏事都是别人的，那么别人就会有想法了。

　　自己是否会有麻烦以及别人是否会伤害你，这都取决于你做人做事的态度，如果你仗着自己劳苦功高，把好处都占了，那么麻烦和伤害自然是不可避免的。

　　纵观古今，真正厉害的人都是懂得功高不能震主的，好处也不会独占，这样的人会有一个和谐幸福的人生。

功高震主，是大忌

　　一个人无论功劳有多大，只要不是主，那么就不能功高震主。你要知道无论你怎么做，都是给别人打工的，就算功劳再大也还是在对方的手下。

　　《三国演义》中的诸葛亮，可以说蜀汉的建立他功不可没，但在一些人的眼里，这又有什么用呢？蜀汉的君王是刘备，不是诸葛亮。即便刘备去世后能力更弱的刘禅继位，刘禅尊称诸葛亮为亚父，他还是在刘禅之下，这点诸葛亮是非常明白的。虽然自己的功劳很大，但是他绝对不会震主，否则很可能会给自己引来杀身之祸。

作为一个封建社会的臣子，诸葛亮知道皇帝才是最大的，即便自己功劳大也没用，因此他对皇帝刘禅极为恭敬，从来没有做过僭越的事情。

不仅如此，他几乎没有重用和培养自己的家族势力。他的儿子诸葛瞻还是在他去世后才开始被朝廷重用的，要是诸葛亮一直活着，儿子可能几乎不能发挥作用。

如果诸葛亮不这么做，那么可能会引起刘禅的怀疑，即便刘禅不怀疑，别人也会在刘禅面前煽风点火，就算刘禅再尊敬诸葛亮，但只要他威胁到社稷安危了，一样会杀了诸葛亮。

因此，任何时候都要知道功高震主是大忌，功劳高也要收敛起锋芒，否则受到伤害的只能是自己。

懂得让名，最明智

很多时候，人与人之间是不讲道理的，一旦你对别人构成了威胁，就算你的功劳再大也没用，这个时候就要懂得让名，即便这个名是自己好不容易得来的。如果你不让名，对方就会视你为眼中钉肉中刺，会想办法迫害你。

同样是《三国演义》中，关羽败走麦城之后被吕蒙砍下首级带回了东吴，吕蒙原本以为孙权会给自己奖赏，但很遗憾，他直接被孙权毒死了。

孙权让吕蒙死的原因有二：其一，吕蒙草率杀掉关羽，让东吴直接和蜀汉对立了起来；其二，吕蒙不懂得让名，已经严重威胁到自己了。

吕蒙死后，孙权让副都督陆逊回来，直接给对方施压。陆逊看明白了吕蒙的死因，所以当孙权问他现在谁可继任大都督时，陆逊表示暂时没必要，不仅如此，他还辞掉了自己副都督的职务。

正因为陆逊这么做了，所以孙权也就放心了，陆逊也就逃过了一劫。倘若当时陆逊不懂得让名，而是在吕蒙死掉之后当大都督，那么吕蒙的下场就是他的下场。

《菜根谭》有云："完名让人全身远害，归咎于己韬光养德。"一个人不论拥有如何完美的名气和节操，都不要自己独占，必须分一些给旁人，只有如此才不会因为其他人的怨恨而招来祸害，从而保全生命的安全。不仅如此，耻辱的行为和名声，也不可完全推到他人身上，自己一定要承担几分，这样才能掩藏自己。

做到这些，你就不会给自己招来祸害，才能让自己的人生之路走得更加顺畅。想走好人生的路并不容易，需要我们时刻谨慎，无论在工作还是生活中都要做到功高不震主，都要时刻摆正自己的位置。如果有好处了，自己不要独占，当你不独占好处懂得分给别人时，遇到麻烦别人才愿意跟你一起承担。

用真诚打动别人

人与人交往，贵在真诚。真诚，永远是人际关系的必杀技。

假如让你回忆生活中交往的人，你多半想到的是那些为人处世真诚的人。他们举止温和，态度谦虚，待人接物都发自内心。你不用担心他们会算计你，背后搞小动作。你和他们聊天觉得如沐春风，没有半点顾虑；你相信他们是值得合作的伙伴，值得深交的朋友。

越真诚越无敌

有的人以为，精明才是高情商的表现。其实，有手腕的人明白，真诚才是能打开他人心门的钥匙。

在所有情感攻势的战术中，没有战术是最好的战术，你不需要太多的花招、技巧，只需要表现出你的真诚，对方自然能够感受得到。不相熟的人之间沟通，最怕的就是掩饰和伪装。而学会站在别人的立场，用真诚的心替别人着想，比一切高情商都来得实用。

发自内心地真诚

真诚，是人际交往中最基本的要求。孟子说过："诚者，天之道也；

思诚者，人之道也。"这句话告诉我们，真诚是自然界的规律，追求真诚则是做人的基本准则。在与人交往时，我们应该以一颗真诚的心去对待他人，不虚伪、不矫情，这样才能赢得他人的信任和尊重。

有人说：20岁崇拜曹操，30岁欣赏孙权，40岁才明白刘备是真英雄。读《三国演义》，每每感动于刘备三顾茅庐的真诚。

　　刘备第一次去卧龙岗拜访诸葛亮的时候，诸葛亮不在，只好无奈而归。后来在隆冬的时候听说诸葛亮已回，便要马上前去拜访。于是张飞说："他不过是一村夫，何必亲自去请，叫一个人唤他前来就是了！"

　　刘备听后斥责说，你难道没听说过孟子的这句话吗，欲见贤人而不以其道，犹欲其入而闭之门也。这句话的意思是：想得到贤人却不给他得到任用的渠道，就像想让别人进来却关着门一样！时值隆冬，天气严寒，彤云密布，但刘备依然冒雪前去拜访诸葛亮，丝毫不惧风雪。但还是没有见到诸葛亮，只好继续回去等待。

　　第二年早春的时候，刘备准备第三次前去拜访，这一次他准备得尤其用心：先是请占卜师为他占卜前去拜访的吉期，然后斋戒三日、熏沐更衣后才动身前去拜访。等到了离草庐半里之外，便下马步行，以示求贤若渴。而且到了草庐之后，听说诸葛亮在睡觉，还示意童子不要打扰，自己则拱立阶下，一等就是几个时辰。

　　然而等两人终于相见，诸葛亮却拒绝了。此时刘备再也绷不住，伤心不已，泪沾袍袖。这一哭，打动了诸葛亮，于是答应出山帮他打天下。

真诚是一种宝贵的品德

其实很多时候，你并不需要做什么，真诚即可。和人交往，有时候你不用戴上社交面具，不用藏着掖着，不用搞那么多的曲里拐弯，不用搞那么多的误会和猜忌。你只要跟世界互动的方式是真真切切、坦坦荡荡的就好。

与人同行，真诚的人，走着走着就走进心里；虚伪的人，走着走着就淡出视线。你对他人的每一分真诚，都会换来他人对你的一分放心。利益是一时的，信任是一世的。有时真诚看似会让你吃眼前的亏，但可以帮你换来长久的信任与默契。

有一种胜利叫后退

人这一生会遇到很多事，并不是所有的事情都要迎难而上，因为有时迎难而上不仅解决不了问题，有可能让问题更糟糕。

不可否认，全速前进一定会闯出一片天地，但期间有可能撞上南墙或掉进前面的万丈深渊。因此当我们全速前进遇到障碍的时候，懂得退一步就非常重要了，退一步反而会海阔天空，能更好地实现自我价值。

有手腕的人是懂得后退的，他们不会一直冒进，知道一直冒进可能会让自己输得更惨。

后退不是胆怯，而是理性思考后作出的决定，让自己更容易到达目的地。

懂得后退，是一种智慧

世间很多事情并不能如自己所愿，有时候做到后退才能让自己有更多的机会，不要害怕后退，因为后退是为了让自己变得更好。懂得以退为进的人是明智的，他们能够顺势而为，做起事情来也就相对容易一些。

有时候，后退是一种手段，并不是真的永远退了，而是迂回，想办法给自己制造更多的机会，从而得到自己想要的。

"至刚易折，上善若水。"做人不可无傲骨，但也绝不能总是昂着头。一个只懂得前进的人可能不是智者，因为真正的智者知道自己想要什么，懂得以退为进的道理。

懂得后退，你就赢了

一个人就算再厉害，也不能目空一切，肆无忌惮地往前走。诚然，前面有机会，但也有可能是深渊。因此，我们这一生一定要学会后退，只有做到该后退时后退了，人生才有更多的机会，才会有更多的可能。

后退并不是丢人的事，有时候恰恰是因为后退才让一个人成为更好的自己，让他得到命运的恩赐。

西楚霸王项羽如果能做到后退，退守江东养精蓄锐，而不是自刎于乌江，那么就不会将万里江山拱手送给对手刘邦了，历史也就可能会改写。可是项羽接受不了后退，在他的认知里后退是很丢人的事，他宁愿战死也不会后退。最终英雄陨落，只剩乌骓独鸣。

越王勾践如果没有做到后退，没有卧薪尝胆，而是和吴王夫差硬碰硬，那么怎么可能灭掉吴国，成为春秋霸主呢？勾践是懂得后退的，他知道以自己目前的力量完全不能与吴王抗衡，既然不能，那么就避其锋芒、养精蓄锐。

生活中有很多人和项羽一样，明知道前面是南墙却不懂得后退，非得撞个头破血流，这表面看似是骨气，实则是傻气。

《菜根谭》里有一句话："行不去处，须知退一步之法；行得去处，务加让三分之功。"人生在世，一个人懂得后退才会有一个好的未来，才能让自己变得更好，若是明知道不行还一味前进，就会毁了自己。

第四章

用阳谋立身，
用正道持心

懂得放下，人生会更精彩

　　我们这一生是逐渐与自己和解的过程，可能很多事情并没有如自己所愿，可这又有什么呢？尽力去做就好，至于结果，不要太纠结。得到好的结果固然好，倘若得到不好的结果也没有什么，要尝试去放下，不能总是自怨自艾，让自己活在痛苦中。

　　一个人只有做到放下，才不会让烦心事影响自己，人生才会更精彩。就怕你放不下，总是执着于结果，最后弄得自己特别疲惫，等到最后明白的时候，人生已经过去一大半了。

　　人生本如过客，世事皆如浮云，既然如此，那么何苦心有千千结。

　　任何事情只要少一分执念，多一分释然，人生就会更精彩。

放下已成过往的伤害

　　不论你愿意还是不愿意，过去的终究是过去了，就算你不想接受也只能接受，人活着要向前看，不能停留在后面无法自拔。当你放下过往对自己的伤害，那么就等于活得明白了。

　　这个世上没有什么事情是过不去的，只是你的心过不去罢了，如果你没有从内心做到放下，那么任何人都无法帮助你。一个人如果一直沉浸在过去的伤痛里，那么只会让自己未来的路走得步履维艰，人生也就会被痛苦填满。

　　从前，有个书生进京赶考，因遭人暗算，最终落榜。这个时候，陪伴他多年的恋人也离开了他。学业和爱情受到双重打击的他伤心至极，每天郁郁寡欢，以酒度日，不再去想自己的未来，得过且过。

　　有一天，他在路上偶遇一位高僧，便向他请教解脱的方法。高僧微笑着表示只要他好好跟自己三天就可以了。在这三天内，高僧除了给他清水喝，再不给其他任何食物。他不明白高僧是什么意思，每天都饥肠辘辘的，难以忍受。不仅如此，他还要干喂马、砍柴等一系列苦活、重活。这还不是最痛苦的，最痛苦的是睡觉没有床，虽然累了一天了，但是晚上只能睡马厩。

　　三天终于过去了，书生差点熬不住，他崩溃到号啕大哭，不明白自己放着好好的日子不过，为什么要来高僧这儿自讨苦吃。

　　看到他这个状态，高僧表示以前的他也是这个状态，一直在用别人的错误惩罚自己。高僧说完后，书生顿悟，决定告别过去，重新来过。他开始把全部精力放在学习上，几年之后，终于金榜题名。

书生之所以痛苦完全是自找的，因为他原本可以不这样，只要放下过去对自己的伤害就能拥抱新的生活，他却不这么做，整日深陷痛苦的泥潭里无法自拔。

　　一个人要想活得快乐只能靠自己，因为别人无法走进你的内心，就算和你讲再多的道理也没用。

　　季羡林老先生曾说："如果总是纠缠，那么痛苦会时时刻刻都新鲜生动，时时刻刻剧烈残酷地折磨你。不如淡漠、再淡漠、再淡漠。"

一个人放下了过去，人生也就幸福了。

放下，人生才会更精彩

人人都想要精彩的人生，可精彩的人生是需要我们用心经营的，如果我们做不到放下，不能好好地经营自己的人生，那么人生是不可能精彩的。人生不如意的事十之八九，再美好的过去也回不到当初，既然回不去就不要太执着，因为执着到最后只会苦了自己。

事业也好，感情也罢，失去了就要笑着释怀，因为这是没有办法的事情。

世间万物靠的是缘分，只要努力了，就会没有遗憾，因为缘分不到，再多的努力也没用。可能你拼尽全力最后也没有实现自己的人生价值，可能你卑微到最后也没有留下自己深爱的人，这个时候你就要学会放下了。

你只有做到放下，才能让自己的内心得到解脱，才不会让自己一直生活在痛苦中。诚然，做到放下确实不容易，但就是再难你也要放下，因为除此之外没有任何办法。

看过这样一句很有共鸣的话："在人生的大风大浪中，我们常常要学习船长，在狂风暴雨之下，将笨重的东西扔掉，以减轻船只的重量。"一个人倘若做不到这点，那么怎么可能有一个好的人生呢？

人生不过短短几万天，因此千万不要和自己过不去，努力过后就要释怀，就要看清生活的真相，就要丢掉包袱，轻装上阵。

当一个人学会放下了，才无愧于自己和人生。

学会自律，远离放纵的人生

人这一生，放纵是本能，自律才是修行。但谁都不想自律，即便自律的结果是好的，过程却极其痛苦，所以我们才更想放纵，寻求暂时的快乐。可你要知道暂时的快乐终究是暂时的，这样的快乐很快就会过去，迎来的将是长久的痛苦。

做到自律确实很难，但正是因为难，所以自律才显得有意义。自律可以让我们吃一时的苦，享受一生的幸福。自律的人是值得尊敬的，那些自律到极致的人一定是能实现自己价值的人。

我们这一生其实就像《西游记》，一路都在打怪升级，如果没有自律的加持，总是肆意放纵，那么怎么可能成就更好的自我呢？

自律，会给你不一样的人生

大多数人都不喜欢自律，甚至有些人把自律当成是自我折磨，可你要知道自律会给你不一样的人生。当你足够自律，人生就会足够精彩。

小许是一名自考本科生，大学毕业以后参加了教师编考试，但很遗憾并没有考上。后来她恋爱了，恋爱之后就没有心思学习了，在和男友相处的过程中又意外怀孕，然后两个人就登记结婚了。婚后有了孩子，她更没有精力去报考，后来当她想再考的时候，年龄却不符合报考资格。

正当她自责的时候，命运又为她打开了一扇门，报考的年龄放宽到了40岁，小许很快抓住机会，全力以赴。

这一次小许格外自律，每当学不进去的时候，就会默默给自己鼓劲，因为她知道过了这个村就真的没这个店了。

然而努力了一年后结果并没有如自己所愿，但小许也没有气馁，她知道自己放下太久了，重新学习需要时间。为了实现心中的梦想，她比以前更加努力，第二年终于如愿以偿。

以前小许特别焦虑，工作、家庭、理想全压在她身上，她想得多，常常睡眠质量差。但自从她考上教师编后，整个人精神焕发，不再胡思乱想，她特别感谢曾经自律和努力的自己，觉得如果没有这份用心就不会得到这样的结果。

一个人如果没有超强的自律能力，那么就很难实现自己的人生价值。

听过这样一句很有道理的话："一个人无论能力多大，一旦懒于行动、无法坚持，再好的想法也只是美丽的幻象。能让人有所收获的，从来都是自律的有效行动。"

自律很苦，但也很酷，自律和不自律的人过的是不一样的人生。

放纵，会让自己的人生更艰难

你的人生和别人没有任何关系，如果你总是想着放纵，那么就很难过上自己想要的人生。

　　放纵是一种快乐，但这种快乐是暂时的。如果一个人一味地放纵，几乎不可能实现自己的人生价值。

　　有一个"奶头乐理论"。这个理论非常有意思，简单来说就是想废掉一个人，可以像喂婴儿奶嘴一样，时刻提供娱乐就行，只要能时刻娱乐，那个人就不会积极进取，人生也就陷入泥沼中。

　　比如，当你想考研了，只需要自律努力就行，只要坚持到底，就算暂时不能如愿，早晚也会拨开云雾见天晴。可你不去做，或者三天打鱼两天晒网，学习一天休息几天，这怎么可能考上呢？

　　一个想考研的朋友，他就是这样。他内心极度渴望考上研，但一点也不自律，虽然每天都去图书馆，但是从来不专心学习，不是听听音乐，就是打打游戏。大家劝他不要这样，否则是不可能考上的，但朋友不以为意。最后他果然没有考上。

　　一个人如果沉迷于玩游戏，不面对现实，只想要暂时的快乐，慢慢地就会被社会淘汰。

　　听过这样一句很有共鸣的话："人生最大的错误就是不自律，一边羡慕他人的生活，一边又用摆烂应付自己。"一个人如果只能应付自己，无论做任何事都没有付出时间，不足够努力，那么得到的就是很糟糕的结果。

　　人生很短，莫让光阴浪费，希望我们每个人都能做一个高度自律的人，而不是做一个总是放纵自己的人。

人生苦短，没必要为小事浪费精力

人这一生除了生死都是小事，如果我们总是揪着这些小事不放，那么这一生是很难快乐的。一个人做到不在小事上浪费精力，自己的人生会更加精彩。

我们这一生用放大镜来看是一场悲剧，用望远镜来看则是喜剧，是悲是喜就看你用什么来看。活在这个世上我们是为了寻求快乐幸福，既然想快乐，就不要让小事影响自己，大事化小，小事化了，用积极的心态面对一切，那么幸福快乐就在眼前。

若你总是被小事困扰，在小事上浪费时间，那么快乐就会离你越来越远，甚至会让自己的一生都活在痛苦中。

收起放大镜，很多事并不是事

为什么我们总是在小事上计较呢？那是因为我们总是放大小事，本来是很小的一件事，却因为我们的放大变成了大事。比如驾照没有考过，本来是极小的事，但如果你放大了，认为自己动手能力差、白白浪费那么多钱……那么就是大事了，痛苦也就来了。

没有考过就继续考，就算努力到最后确实考不过又有什么呢？这又不会影响你的生活，在这个世界上没有驾照的人多了去了。

有一个让人啼笑皆非的故事。

> 有一位老太太养了很多鸡，每天傍晚她都数一下鸡的数量。有一天，她发现少了一只鸡，以为自己数错了，所以又数了一遍，结果仍是少一只，这让她非常伤心。
>
> 看到她如此伤心，邻居不理解，过来劝她："不过是一只鸡而已，别这么伤心，身体要紧呀。"
>
> 谁知，老太太一听更伤心了，表示自己丢的不是一只鸡，而是丢了一个养鸡场。老太太的话让邻居非常吃惊。还没等邻居问为什么，老太太便说："你想啊，这一只鸡可以下很多蛋，每个鸡蛋都可以孵出很多小鸡，那些小鸡长大了，继续下蛋，继续孵小鸡，可不就是一个养鸡场吗？"

很明显，老太太把小事放大了，正因为放大了小事才痛苦不堪，让自己心情越来越不好。

有这样一句很有道理的话："很多事情本身并不坏，是我们把它想得太坏。如果我们能把事情往好的方面想，立马就会感觉事态有了反转。"

人生在世，很多小事真的没必要在乎，它们只会给你带来更多困扰。

在小事上计较的人，往往很难幸福

每个人都想要幸福的生活，可你要知道幸福的生活并不是从天上掉下来的，而是你用心经营的，你对生活有多用心，生活就对你多用心。如果一个人总是在小事上计较，那么他只能看到树叶，不会看到森林；如果总是被小事影响，就像鞋子里跑进一粒沙子，每走一步都特别痛苦。

人生很多事真的不值得你劳心费神，不值得你去计较。你不管它，生活并不会受到影响；你若是管它，处处心烦。既然如此，那么何必管呢？

总是在小事上计较的人，是很难拥抱幸福的，因为他看不到眼前的幸福，总觉得自己是最倒霉的人。一旦有了这样的认知，那么怎么可能幸福呢？

一个人的痛苦很多时候都是自找的，就像米兰·昆德拉说的："除却生理之外，你所感受到的所有痛苦，都是人的观念带来的，而非真实的存在。"当你在观念上不再斤斤计较，就不会受其影响，人生自然也就过得幸福。

人生本来就很短，一路上磕磕绊绊并不容易，所以在这仅有的一生里，我们没必要和自己过不去，把大事看淡、小事看开，自然会拥有幸福与快乐，不是吗？

舍得让自己吃苦

有人说:"人生就像是走进了一大片森林,时而会遇到美丽的风景,时而会掉入意料之外的陷阱,要想走出森林就要学会吃苦。"这句话,说得真好。

不知道从什么时候开始,大家似乎不再喜欢吃苦,觉得吃苦是很痛苦的一件事。虽然心中还有梦想,还想着改变自己的人生,可就是不想吃苦了。

诚然,吃苦确实累,但吃苦会给自己带来更多好处,会给自己积攒巨大的力量,一旦遇到合适时机,就会喷涌而出,从而实现自己的人生价值。

有手腕的人都舍得让自己吃苦,他们知道只有吃得苦中苦,未来的路才会更好走。

学会吃苦是一种品质,舍得让自己吃苦,人生才会更顺利。

舍得吃苦,才能让自己更强大

人生是一个不断成长的过程,长大以后我们就要担起更多的责任。小的时候我们可以依靠父母,不用吃苦就能过得快乐幸福。可父母终究会老去，等我们长大了，就要肩负起为人父母与子女的责任。这时，如果你不想吃苦，不能让自己变得更强大，那么让他们怎么办呢？因为他们能依靠的就只有你了。

人生很难，就像一个多元多次方程，但关关难解还要关关解。

小宋的家庭条件很差，父母是老实巴交的农民，好不容易供他上完大学，他知道自己不能再依靠父母了，他们已经尽力了。

当时很多人都劝小宋安稳地上个班，虽然不会大富大贵，但是至少衣食无忧。但小宋拒绝了，他表示上班的路他一眼就看到头了。上班很轻松，不会吃什么苦，但这些并不是他想要的，他想改变自己，更想改变家庭的境况。

思前想后，小宋决定创业，他并没有像别人一样只是嘴上说说，而是切实地行动起来，他不断学习，不断吃苦，不断寻求方法。在创业的初期，他从来没有完整睡过一个好觉，几乎每天都是睡三四个小时，有时候真是觉得实在扛不住了，在车里小睡一会儿，之后又拼命努力。

一个人吃的苦最终会成为他前进的路。理所当然，小宋创业成功了，他等这一刻等了好久，当这一刻来临时他喜极而泣。

一个人不能、不会吃苦，他就不会让自己变得更强大，而且断然不会得到想要的。我们都曾不堪一击，但只要舍得吃苦，终究会刀枪不入，因为吃的苦会成为我们的铠甲，让我们无坚不摧。

学会吃苦，人生的路才会更顺

人生在世有太多不如意的事情，面对这些不如意的事情，我们能怎么做呢？是要缴枪投降，还是勇敢面对？你怎么选择就有怎样的人生，如果你不敢面对选择投降，那么你未来的路会更加难走；如果你勇敢去面对，定会拨开云雾见天晴。

一个人只有学会吃苦，人生的路才会越走越顺。俄罗斯作家列夫·托尔斯泰说过："幸福并不在于外在的原因，而是以我们对外界原因的态度为转移，一个吃苦耐劳惯了的人就不可能不幸。"

"宝剑锋从磨砺出，梅花香自苦寒来"，若没有经过这些苦，剑何以成为宝剑，梅花又怎么会香呢？

不要害怕吃苦，因为这是你通向未来的路，你吃多少苦就会得到多少回报，若是你一点苦也不吃，怎么会得到自己想要的人生呢？

我们都知道陆游是伟大的诗人，可并不知道他吃了多少苦。陆游酷爱读书，曾有一次连续读书三天三夜，最终因为太过疲劳而昏倒在书房里。在陆游看来，"读书不言苦，功到自然成"。

不只是陆游，历史上不怕吃苦而成功的人还有很多，比如"凿壁偷光"的匡衡，"头悬梁锥刺股"的孙敬和苏秦，他们吃了大量的苦，最终也实现了自己的人生价值。

活在这个世上，我们不要害怕吃苦，因为吃苦只会让我们变得更强大，不会让我们变得更软弱。既然是这样，为何害怕吃苦呢？

这个世界上任何人的才华和能力都不是天生的，都是通过努力、吃苦得来的，你主动吃的每一份苦，熬住的每一处伤，都终将会成为日后的徽章。

把事情做到极致，就离成功不远了

很多人总是抱怨自己没有机会，觉得只要能给自己一个支点，就能撬动地球，可实际上真的是这样吗？

这个世界上并不缺机会，缺的是一个人做事的态度。你做事总是应付，不想着把事情做到极致，那么你就很难有好的人生。如果你能把事情做到极致，那么你就离成功不远了。不要抱怨没有机会，无法把事情做到极致的人就算机会来了也抓不住。

一个人对待事情的态度里藏着自己的未来，倘若你做事总是疲于应付，做什么事情都想着差不多就行，那么你的人生可能会差很多。

差不多的人生，其实差得很多

很多人在做事的时候没有精益求精的精神，只想把事情做成就好，可你要知道做成和做好中间差了很多。做成是差不多的人生，做好则是非常棒的人生。

一个人的精力确实非常有限，但我们要做到在自己擅长的领域里精益求精，这样你才能实现自己的价值。如果在自己擅长的领域你凡事只想着差不多，那么结果注定会差很多。

胡适先生在《差不多先生传》中塑造了一个叫差不多的人，讽刺的就是生活中凡事差不多的人。差不多先生最爱说的一句话就是："凡事只要差不多，就好了。何必太精明呢？"这里"精明"指的是认真的意思，差不多先生的意思是只要能凑合就行，没必要精益求精。

后来，样样事情都觉得差不多的先生生病了，就让家里的仆人去请东街的汪大夫，仆人一时没寻到，便请了西街的牛医王大夫。差不多先生躺在病床上，发现医生找错了，但这个时候他并没有制止，觉得反正都是医生，兽医和人医其实是一样的，因此就让王大夫给他看看。

于是，王大夫用医牛的法子给他治病，最后差不多先生一命呜呼。

做事差不多和做事精益求精的人结局真的是不一样的。听过这样一句很有道理的话："一个人用什么样的态度对待自己所做的事情，就会得到什么样的结果。做好一件事，并且把它做到极致，胜过把一万件事情做得平淡无奇。"

既然如此，我们就要把小事做到极致，当把小事做到极致了，我们就和90%的人拉开了距离，更容易实现自己的人生价值。

把事情做好，你就赢了

把事情做成是一个标准，做好则是另外的标准，"做成"和"做好"有巨大的区别："做成"只是做完了，而"做好"则是做到极致了；"做成"可能只是应付，而"做好"则是全心全意去做。

如果不是陶华碧把辣椒酱做到了极致，没有人会想到小小的辣椒酱竟然有这么大的收益。陶华碧不是天赋极高的人，却是能把事情做到极致的人。认准了这件事，她就全力以赴去做，不断调整辣椒的口感，正是因为如此，才把辣椒酱做成了品牌，让"老干妈"成为年入数十亿的世界品牌。

很多人做事的时候无法把事情做好、做到极致，总想着应付，明明自己可以做好，却偏偏不想做，最后让自己的人生一塌糊涂，可这又能怪谁呢？

杭州快递员李庆恒的故事，让人特别有感触。

他只是一名普通的快递员，但是他把送快递这件事做到了极致，他甚至练成了一秒快速分拣的绝活。只要看到快递单上的地址，他能马上背出对应的城市、区号、邮编以及航空代码。

要背下这些信息谈何容易呀，可是李庆恒做到了，在工作中他还能从数百件物品中，快速挑出固体胶、打火机、人民币等航空禁寄物品。他能用最少的时间、最短的路线，确保快递准时准确送达。

因为把送快递这件简单的小事做到了极致，他得到了公司领导的奖赏，不仅直接落户杭州，并且获得100万购房补贴。

人这一生时间真的有限，所以我们要把有限时间里的事情做好，持续深耕，不断精进，当你做到了，便能达到别人难以企及的高度。

要想改变世界，就先改变自己

生活中，一部分人总想着改变世界，却从来没有想过改变自己。一个人要想做到改变世界，那么首先要做到的就是改变自己。连自己都改变不了，那么怎么可能改变世界呢？

萧伯纳曾说过："明智的人让自己适应世界，不明智的人则坚持让世界适应自己。"聪明的人选择改变自己，因为他们知道当自己改变了，那么世界也就改变了。

改变自己是有难度的，也正是因为有难度，所以才会有凤凰涅槃，才能实现自己的人生价值。

懂得改变自己的人，运气不会太差

很多人总是抱怨自己的运气太差，觉得自己是这个世界上最倒霉的人，其实他们并不是运气差，而是不懂得改变自己。他们遇到问题喜欢从外界找原因，觉得自己很完美，把一切过错都归结到外因，试问这样的人怎么会有好运气呢？

当一个人懂得改变自己了，那么他的好运气就来了，也就能很好地实现自我价值了。

　　有一个卖花女孩在收摊的时候，把最后一朵玫瑰送给了街角的乞丐。乞丐回到家，把花插在玻璃瓶里，看着鲜艳的玫瑰插在脏瓶子里，觉得很可惜，于是把花瓶洗干净重新把玫瑰放进去。

　　他回头看到脏乱的屋子，觉得浪费了玫瑰花，于是，把屋子收拾整洁。他又闻到自己身上的臭味，觉得这么干净的屋子不应该有酸臭的味道，于是，便洗漱换衣。

　　一切收拾完后，乞丐看到眼前光鲜亮丽的自己，觉得自己不应该是乞丐，于是第二天出门找了一份工作。慢慢地，工作有了起色，事业也变得风生水起，乞丐最后得到了自己想要的。

　　世间万事都有定数，很多东西我们是改变不了的，但改变不了世界，完全可以改变自己呀，"日拱一卒无有尽，功不唐捐终入海"。

　　改变自己的过程可能很长很苦，但只要你去改变了，就绝对不会有问题。

　　活在这个世界上，我们与其总抱怨事与愿违，总想着改变世界，不如改变自己，让自己拥有人生。

当你变了，世界也会随之变化

　　很多时候我们总是和世界过不去，觉得正是因为有了这样的世界，自己的人生才如此糟糕，可这与世界又有什么关系呢？你不想着改变自己，总是抱怨世界，那么真的活得很痛苦。一个能改变自己的人，他的世界一定会变好的。

　　严宽以前总觉得世界不公平，否则自己也不会过这么焦虑的日子，每天浑浑噩噩地度日。后来，他认识了一个朋友，对方劝他不要这么想这么做，可以先从自己身上做改变，等自己改变了再回头看看世界。

　　严宽完全照做了，因为一直想当工程师，所以他开始拼命学习，在他的努力下终于获得了资格，如愿以偿进入了一家大厂。

　　成为工程师之后，他突然发现自己不喜欢抱怨了，也不焦虑了，每天工作得特别开心，自己好像换了个人，世界也完全变了样子。

人人都在寻找幸福，以为幸福特别遥远，其实幸福就在我们的眼前，只是我们给它上了太多枷锁罢了。

一个人要想改变自己，就要做到改变自己的心态，心态不好的人，会深陷于眼前的痛苦和不甘，是不会拥有幸福的。心态好的人则完全不一样，心态越好，就越能感受到这个世界的美好，就会积极面对生活中遇到的一切。

人生难免遇到疾风骤雨，但一切都是暂时的，我们可能会被困一阵子，但不会被困一辈子，只要你想着去改变自己，那么就会迎来不一样的世界。

主动出击，不要犹豫

我们不论做什么，遇到什么样的困难，都应该主动一点，只有做到毫不犹豫地主动出击，才会有更好的人生。

我们这一生会遇到很多事，对于任何事，都要主动一点而不是逃避，只有这样人生才不会有大问题。任何时候我们都要知道主动和不主动的人生是不一样的，当一个人能克服恐惧，迎接挑战，不处处被生活蹂躏，那么他的人生才是有意义的。如果不想主动，做事总是思前想后，最后什么也得不到改变，追悔莫及，可这又能怪谁?

主动出击，人生才会更精彩

每个人都想要精彩的人生，可并不是每个人都能拥有，在追求美好人生的这条路上前怕狼后怕虎，不敢主动出击，那么你注定黯淡无光。一个人如果能做到主动出击，最坏的结果不过是失败;如果连主动都不敢主动，那么结果注定会失败，这样的人生也太没有价值了。

一个缺乏主动出击勇气的人是很难实现自己人生价值的，我们只有做到主动出击，才能得到自己想要的，从而让自己变得更优秀。

孙玲的故事发人深省。

　　孙玲原本是深圳工厂的一名厂妹，最后她成了谷歌的高级工程师。很多人觉得她是一个传奇，其实不是，孙玲之所以能做到，是因为她懂得主动出击。

　　2009年，孙玲高中毕业，不顾父母阻拦独闯深圳，成为流水线上一名普通女工。10个月后，她刚积攒够第一笔钱就毅然辞职，开始学习编程。也就是说，孙玲虽然打工，但她的目标非常清晰，她不会安稳地做一辈子的厂妹。

　　当她辞职的时候工友都劝她，可是她还是主动出击为自己做了选择。为了后续的学费，她需要兼好几份工，发传单、做电话客服、在快餐店上夜班……她从未想过放弃，一直在积极主动改变自己。

　　2011年，孙玲通过考核，成为一家互联网公司的程序员。从此，她的视野更加开阔，学历也逐渐提升，这个时候她开始将目标锁定在国外。

　　2017年10月，孙玲义无反顾地去了美国，虽然她知道去了美国也不一定能成功，但是她就要主动出击。到了美国，她用3年时间从谷歌的外包员工做到高级工程师，年薪25万美元左右。

　　很多人都有梦想，但并不是每个人都能实现，有梦想固然好，但不主动出击，总是犹犹豫豫，梦想也就只能是空想了。

主动一点，机会就会悄然而至

　　这个世界上，很多人总是抱怨自己没有机会，可你要知道机会不会主动来找你，需要你主动去找机会。比如你看到了一个赚钱的好项目，只需主动去做就行了，千万不要犹豫，犹豫到最后结果只会糟糕。

愚人等待机遇，智者创造机遇。不要抱怨自己没有机会，要有主动出击的勇气。既然不能做到主动出击，那么就要接受不好的结果。

　　一位名叫杰克的青年，他唱歌非常好听，梦想成为一名音乐家。然而，他害怕失败，不想主动出击，于是，选择了等待，希望自己能得到唱片公司的邀请，当然，最后梦想没有实现。

　　直到有一天，杰克遇到了一位老者，他告诉杰克："人生就像一首乐曲，如果你不主动奏响，谁也不会听到你的声音。"这句话深深震撼了杰克的内心，他意识到等待并不是解决问题的办法。

　　于是，他决定主动出击，开始在街头演奏自己的音乐。无论风雨交加还是酷暑骄阳，他都毫不退缩地坚持演奏，虽然并没有引来很多人的注意，但是他依然选择坚持。直到有一天，一位唱片公司的制作人看到了他的表演，被他的才华打动，便尝试邀请他录制单曲，杰克终于看见梦想在朝他招手。

有人说，主动与被动像一棵树上的两片叶子，前者总是主动对着阳光，拉近与阳光的距离，而后者总是等待阳光照到自己身上。主动进取的人，知道自己想要什么，会为了得到想要的而拼尽全力，他们敢想敢做，绝对不会退缩半步。

罗曼·罗兰说过一句话："如果有人错过机会，多半不是机会没有到来，而是等待的人没有看见它，当机会来临时，没有一伸手就抓住它。"

时光很贵，容不得浪费，无论工作还是生活中，希望你能主动一点，当机会悄然而至时，只要你抓住了机会，人生自然就会更加精彩。

第五章

人生总有困局，要学会如何破局

当断则断，不留后患

遇到事情能多想一想确实是好习惯，但不能犹豫太久，有些事如果你觉得没意义，就要马上断了，有些人如果你觉得交往起来不舒服，也要马上断了。当断不断，必受其乱；断而不断，必有后患。

当断则断不仅是一个人的能力，更是一个人高级的智慧。在人际关系中，你能做到当断则断，就不会被这段关系困扰，从而不让自己陷入两难境地。若你不能当断则断，后果可能很严重，会给自己的人生带来很大的影响。

真正活得通透的人不会让自己在不舒服的关系里继续坚持，因为他们知道这样下去只会让自己更痛苦。

当断则断，是智慧

有些事需要你能立即做出判断，你怕这怕那，犹犹豫豫，费尽心神地思考半天最后还是后悔、不如意，没有必要。

当然，当断则断并不是武断，而是经过深思熟虑的判断，类似于快刀斩乱麻。不管别人怎么想，只要你觉得事情不对了，那么就不要委屈自己了，就算对方和你的关系再好，也要果断远离。做到当断则断，就不会让自己受到更大的伤害，就怕你下定不了决心，最终让自己吃不了兜着走。

《史记·齐悼惠王世家》有这样一个故事：

> 吕后去世后，赵王吕禄想在长安城起兵叛乱，齐王知道此事后，命令中尉魏勃出兵诛杀吕氏族人。齐国宰相召平听说了此事，就发兵以护卫齐王为借口包围了齐王宫，想阻止齐王出兵。魏勃骗召平说："大王想发兵，可是并没有朝廷的虎符验证，我请求替您领兵护卫齐王。"召平犹豫不决，但最后还是相信了魏勃的话，让他领兵围困齐王宫。没想到魏勃领兵后，却立即派兵包围了相府。召平这才感慨道："道家之言'当断不断，反受其乱'，乃是也。"于是自杀而死。

有这样一句话很有道理："很多时候，比起周全的计划筹谋，当断则断才是应对问题的关键所在。一味地犹豫不定、畏缩不前，往往会贻误时机，造成无法弥补的灾祸，悔恨终身。"

在人际交往中，如果你觉得事情不靠谱，就要果断做出决定，这样才不会让事情变得更加糟糕。如果没有做出决定，不知道如何是好，那么就会给自己带来巨大的伤害。

生活从来不是不变的，如果我们没有当断则断的智慧和勇气，不仅仅会错过很多机会，也很难过好这一生。

当断则断，是对自己的保护

人与人相处贵在舒服，如果在人际交往中对方让你感觉不舒服，你就要果断做出选择，和对方保持距离，否则定会给自己带来麻烦。如果在交往中对方特别喜欢贬低你，想通过贬低你来取乐，那么这样的人是不值得交往的，就算你和对方关系很好，也要果断断绝关系。

　　最近，林平新果断删除了一个好友。刚开始的时候林平新感觉双方的关系还不错，经常在一起玩，也说得上话，但他慢慢发现朋友是喜欢贬低别人的人。不论林平新做什么他都会泼冷水，从骨子里看不起林平新。林平新曾委婉地和朋友表达过建议，但是朋友不以为意，还觉得自己是诤友，自己这样做完全是为了对方好。

　　有一次，林平新写了一篇阅读量很高的文章，当朋友看到时，直言写的就是垃圾，并说这样的文章他分分钟就能写出来。如果不是了解这位朋友，林平新或许会相信，但林平新知道他的斤两，知道他根本写不出来，这样说只是喜欢贬低人罢了。于是果断选择和这位朋友断绝了关系。

当我们对一件事犹豫不决的时候，说明内心是害怕的，可是不管你是担心也好，是不舍得也罢，最终也要做出决定。只怕你终于做出决定的时候，一切都晚了。

"遇事当断不断，会反受其乱，一个问题，如果我们一味地想要逃避，一味地拖着，那么它会变成更大的问题。"人生没有那么多时间让我们做出决定，因此在人际关系中，一旦发现事不靠谱或者人不靠谱，就要当断则断，这才是对自己最大的保护。

跌倒了，就赶紧站起来

人生在世不如意的事情有很多，每个人的人生都不可能一帆风顺，总会遇到这样或者那样的事，遇到了就想办法去解决，而不是自怨自艾让自己活在痛苦中。一蹶不振的人是很难实现自己人生价值的，更不可能有好的未来。

跌倒了并不可怕，可怕的是不能重新站起来；暂时的失败并不可怕，可怕的是失去站起来的勇气。

跌倒不可怕，可怕的是站不起来

有些人就是这样，抗挫能力特别低，只要跌倒、失败了，就自怨自艾，不再想着去改变，以为自己的人生就这样了。可事实上真的是这样吗？你只是暂时地失败，又不是永久地失败，与其自怨自艾，不如重新站起来。

当然，面对失败并不是一件易事。这需要你有清醒的自我认识、博大的胸襟，以及理智的头脑来应对所发生的一切问题。

失败了能站起来的人都是生活的强者，这样的人才会有精彩的人生。

　　有一个人叫刚子，他的人生一点也不顺利，但他从来没有屈服。虽然失败是他人生的常态，但是越是失败他的韧劲越大。普通人高中上三年，但刚子的高中却上了七年，也就是说他复读了四年才考上大学，这要是换作别人，可能早就不考了。这四年内，他一次次失败，又一次次地站起来。

　　大学毕业后，刚子找工作也不顺利，不是专业不对口，就是工资太低。但刚子依然没有选择在家里啃老，而是继续找工作，经过无数次碰壁以后终于找到了心仪的工作。

　　朋友们问刚子这一路是怎么面对失败的，刚子表示自己没有想太多，只是跌倒了就站起来，失败了就继续坚持。

真的是这样，有些人面对失败会想很多，甚至会直接怀疑自己，可这有什么好想的？失败了就失败了呗，铆足劲重来就行。

一个人如果总是害怕失败，那么人生永远是失败的。

跌倒后站起来，人生才会一片光明

　　人活着永远不要害怕跌倒，只要还能站起来，一切就有机会，就怕你站不起来，觉得自己一无是处，那么你的人生注定暗淡无光。

　　跌倒只是暂时的失败，跌倒了只要站起来，人生就会有奇迹。纵观中外，我们会发现功成名就的人都是从失败的废墟里站起来的。中国古代的数学家祖冲之，在当时极其简陋的条件下靠一片片小竹片进行大量复杂的计算，一遍又一遍，历经无数次失败，终于成为世界上第一个把圆周率精确到小数点后第七位的人。伟大的发明家爱迪生失败了多少次才发明了电灯泡，居里夫人失败了多少次，才发现了镭元素，如果他们惧怕失败，跌倒了站不起来，那么一定不会获得辉煌的成功。

真正有手腕的人一定是不怕失败的人，他们从不认为失败是成功的反义词，失败与成功绝缘，他们在失败的废墟里挖掘到成功的金子。

失败不是固定不变的，就像你把1摄氏度的水加热到99摄氏度，其间看上去你都是失败的，因为水没有达到沸点，但这时只要你再加一把柴，再添一把火，水就沸腾起来了——前面的1到99是99到100的必须。

人生也是如此，跌倒了并不是最终的定论，也并不是人走到了人生的绝处。你再坚持一下，结果就会完全不一样。

暂时的跌倒、暂时的失败并不可怕，可怕的是我们在失败里颓废，觉得自己一无是处，不断否定自己。当一个人失去了获得成功的信心，那么他的事业一定非常糟糕。

这个世界上，越是害怕失败的人越是容易被失败选中，然后一蹶不振，但强者从不在失败中颓废，他们会总结经验，让自己变得更加强大，迎来属于自己的美好明天。

不要放弃命运给你的任何机会

我们会遇到很多机会，同样也会失去很多机会，当机会来临的时候有的人能顺利抓住，有的人则很难。

生命中的机会是有限的，所以我们不能放弃命运给我们的每一个机会，只有把握住了，才能实现自己的价值，让自己的人生更加美好。

我们这一生没有太多的时间浪费在等待上，只要机会来了，就要果断抓住，这样才不会让自己未来的路走得艰难。抓住机会就要立刻行动，而不是犹犹豫豫。

《巴比伦最富有的人》中有这样一句话："我知道机会溜走的真正原因，那就是在需要采取行动时，我却在毫无必要地拖延。"

一个人只有不放弃任何机会，才能把自己的人生抬到更高的高度。

抓住机会，才能改变命运

每个人的一生都或多或少地遇到过机会，只是有的人能抓住机会并付诸行动，有的人则抓不住让机会白白流失。

抓住机会才能改变命运，抓不住机会则很有可能让自己的人生陷入低谷，更不用说实现自己的人生价值了。

有位网友分享了自己的创业故事，让人特别有感触。

当年，这名网友硕士毕业后进入一家传统车企上班。工作几年后，他逐渐感到传统造车势力没落，而当时汽车自媒体还鲜有人做，他觉得这是个机遇。于是他邀请一名同事一起创业，做一个车辆测评的自媒体号。但他的同事断然拒绝，还数落他堂堂硕士毕业生竟跑去搞营销号，实在过于掉价。

因为说服不了朋友，所以这位网友只好选择自己单干。两年之后，随着新能源汽车的高速发展，买车的人越来越多，汽车自媒体市场迅速风靡起来。他凭借先前在车企的工作经验，很快就在一众同行中脱颖而出。如今，他不仅拥有稳定的受众群体，还组建了自己的内容团队，收入和之前的工作相比更是翻了几番。而当初拒绝他邀请的那位同事，至今还在原来的企业做着和之前相同的工作。

很明显，无论是网友还是他的朋友都遇到了机会，但不同的是网友抓住了机会，并且靠这个机会得到了自己想要的，而他的朋友则白白失去了这个机会。

人与人之间的差别在一开始并不大，也许家庭条件差不多，学历差不多，能力也差不多，可慢慢地差距就变大了，究其原因就是有的人善于抓住机会，有的人在机会面前犹豫徘徊。

瞅准机会立即行动，是明智的选择

当机会来临的时候，很多人是做不到立即行动的，他们总是犹豫徘徊，觉得时机不够成熟。可我们要知道机会是为有准备的人而准备的，你一直没有准备好，那么机会就不会垂青你，你也很难得到自己想要的。

　　这世上没有随便实现梦想的人，那些在台上辉煌的人，谁知道他经历了多少无人问津的努力？

　　机会并不会等一个人，当它来临时，你若准备好了也抓住了机会，就能从此顺风顺水；若是你没有准备好，也抓不住机会，再好的机会对你也没用。

　　我们如果想改变自己的命运，想过上不一样的生活，那么就努力提升自己吧，也只有这样，当机会来临时你才能抓住，从而实现人生逆袭。

优秀的人，不会总是寻找借口

无论在工作还是生活中，一些人特别喜欢找借口，他们不会从自己身上找原因，觉得造成问题的原因是外部原因，与自己没有关系。这样的人绝对不是优秀的人，他们也很难拥抱成功，因为优秀的人是从来不会为自己找借口的。

当出现问题的时候，有手腕的人会从自己身上找原因，然后解决问题，争取以后不再出现同样的问题；而不优秀的人则只想着推卸责任，为自己找借口。如果一个人总是为自己的失败找借口，那么他这一生注定是失败的。优秀的人之所以优秀，成功的人之所以成功，是因为他们的字典里不存在"借口"一词。

借口，是失败的温床

诚然，谁也不想面对失败，可失败了就是失败了，没必要为自己找借口。失败了并不丢人，只需要从头再来就行，但如果失败了就找借口推脱，那么就永远不会成功。

喜欢找借口的人是没有担当的人，真正有担当、能解决问题的人是不会为自己找借口的。

　　一个被下属的"借口"搞得焦头烂额的物流经理，无奈之下在办公室的墙上贴上这样的标语："这里是'无借口区'。"很快他又宣布9月是"无借口月"，并告诉所有员工："在本月，我们只解决问题，任何人都不要找借口。"

　　正好，有一位顾客打来电话抱怨该送的货延误了，物流经理马上说："的确如此，货迟了，我们保证下次再也不会发生类似情况。"他不断安抚顾客，并承诺赔偿。挂断电话后，他说自己本来准备向顾客解释原因的，但想到9月是"无借口月"，也就没有多作解释，而是立刻把顾客的问题解决了。

　　解决完问题后物流经理并没有多想，不承想这位顾客专门向物流经理所在公司的领导反映了情况，评价物流经理在解决问题时的出色表现。

　　与其找借口不解决问题，还不如果断承认错误，这样反而更容易解决问题。

　　任何时候我们都要知道，借口是失败的温床，如果遇到任何事你都要找借口，那么自然是很难成功的。

　　借口只会造就平庸的人，只有当我们不找借口，勇敢地面对问题时，才能让自己变得优秀。

优秀的人，不会刻意找借口

　　我们这一生会遇到很多难题，有些人会坦然面对，积极寻求解决的方法，有些人会消极面对，总是给自己找借口。自己做事失败了，不认真自省，勇敢面对，反而怪自己的命运不好，这样的人会被困在命运的牢笼里，一辈子都难以改变。

2022年治愈人心的电影《奇迹·笨小孩》里的景浩，如果总想着为自己找借口，那么他这一辈子就完了。

景浩的命运非常悲惨，父母双亡，自己一个人带着妹妹，妹妹患有先天性心脏病。很多人面对这样的命运，可能早就屈服了，但是景浩没有，虽然他遭到了命运的痛吻，但是报之以歌。为了筹钱给妹妹治病，景浩抵押了全部的身家，从朋友那里转手进了一批旧手机，本想能稳赚，却遭受新政策打击，不得不拆解了卖手机零件以把损失降到最低。之后，为了说服手机公司的赵总买这些零件，他风雨无阻地在赵总的公司门口蹲点，甚至不顾一切地冲上赵总前往温州的火车。

景浩开工厂没有钱支付工资，为了赚取高工资，他就去当最危险的"蜘蛛人"。

虽然命途多舛，但是他脚踏实地，从来不为自己找借口，最后，他终于赢得了赵总的尊重，赚到了自己人生的第一桶金。

每个人的命运都不同，我们只有像景浩一样不抱怨命运的不公，不为自己找借口，敢于和命运叫板，才会让自己变得越来越优秀。

在这个世界上，真正有手腕的人是敢于接受事情真相的，敢于直面不公的命运，不管遇到什么问题他们都不会为自己找借口，而是积极寻求解决的办法，让曾经不堪一击的自己变得刀枪不入。

人生并不容易，希望我们在这不容易的人生里好好修炼自己，永远不要为自己找借口。

不找借口的人，往往离成功更近

人人都渴望成功，那么什么样的人生才最成功的呢？其实成功的人生就是不找借口的人生。当一个人不为自己找借口了，全力去解决问题了，成功自然悄然而至。

为什么我们总是喜欢为自己找借口呢？其实是我们内心在逃避，对困难逃避，对责任逃避，用借口来慰藉自己的心理。

如果一个人总是给自己找借口，会付出很大的代价。

不为懒惰找借口，你就赢了

很多人特别喜欢为自己的懒惰找借口，当自己完不成某项工作的时候，从来不觉得是自己懒造成的，而是找外部原因，这完全是无能的表现。如果一个人总是为自己的懒惰找借口，那么很难得到自己想要的，更不可能实现自我价值了。

真正优秀的人从来不会为自己的懒惰找借口，而是努力磨炼自己，假以时日，定成大器。只有庸者才不断为自己的懒惰找借口，把所有的原因都归结于外因。

取材于唐传奇作品《人虎传》的《山月记》就讲了这样一则故事。

李征，生性清高，进入官场却不肯圆滑屈就，于是毅然离职。他回到家里，认为自己颇有才华，想要成为一个诗人。尝试写诗一段时间后，他发现无人问津，很难成名，便坚持不下去了，同时自尊心受到打击。在自傲与懒惰的冲突下，李征化为一头老虎，奔向深山老林。消失多年的李征，与野兽为伍，昏昏庸庸，只会嘶吼。

后来，老虎遇见一位好友，突然开口说话，表示自己就是李征，因为无颜见妻儿才隐藏在山林中。

很多时候我们就像李征一样，明明不够努力、自己太懒惰，反而总是找借口，试问这样怎么可能会有好的人生呢？

人活着不要为懒惰找借口，若你总是为懒惰找借口，你的人生就会越来越差。把失败的责任归给命运，说到底就是自欺欺人。

听过这样一句很有道理的话："懒惰是很奇怪的东西，它使你以为那是安逸，是福气，但实际上它给你的是无聊、消沉。它剥夺你对前途的希望，使你心胸日渐狭窄。"如果你一直为自己的懒惰找借口，那么你的人生离成功就会越来越远。

总找借口的人生，其实会远离成功

人生从来不是平坦的，来到这个世界上我们会遇到很多坎坷，既然遇到了就要去解决，而不是给自己找借口。如果你想要成功的人生，就要去努力，而不是用命运作借口，把自己当成世上最倒霉的人。

杨强就是这样一个例子，他总是把自己的失败归结于家庭，直言自己要是生在富贵人家，那么自己就会有不一样的人生。杨强的父母是地道的农民，杨强于是总爱抱怨自己的命不好，觉得父母不能给他想要的，这才导致他的人生之路走得非常艰难。

这些年来，杨强过得浑浑噩噩，找不到自己的未来，甚至觉得自己没有未来。

每个人的命运为什么不一样呢？原因就是有的人把命运当成自己失败的借口，导致自己一蹶不振；有的人则把命运当成垫脚石，即便深处谷底也绝地反击。对待命运的态度不同，得到的结果自然也不同。

《没有任何借口》一书中说："工作中没有借口，人生中没有借口，失败没有借口，成功也不属于那些寻找借口的人。"

借口永远都是一个人最好的挡箭牌，为自己找借口的瞬间固然很爽，可最后呢？当你被命运无情洗刷的时候，是否会后悔曾经为自己找了借口呢？

成功没有捷径可言，不过是在不为自己找借口的前提下一步一个脚印地前进，当你能做到不为自己的失败找借口，只想着为成功找方法时，你就能实现自我价值，你的人生就会足够耀眼。

能屈能伸，方能一帆风顺

荀子说："行忍情性，然后能修。"一个成年人，不管多委屈多受伤，心情多不好，只要做到能屈能伸，才会出人头地。

"能屈"是不断地"苦其心志，劳其筋骨，饿其体肤"，最终做到"动心忍性，曾益其所不能"。"能伸"是在该出手时就出手，"狠、准、快"，一击击中目标，千万不可犹豫。

低头，就把头低到尘埃里

三国时，诸葛亮六出祁山，统率一支人马在五丈原和司马懿对峙。

此次诸葛亮带来了10万大军，而司马懿领军20万，司马懿实力明显强大，但他就是不愿意进攻诸葛亮。这让蜀汉大军异常着急，因为蜀汉大军的后勤补给非常不给力。

诸葛亮一再派人挑战，魏兵绝不出营应战。诸葛亮便取来一套妇人穿的服装，放在一个大盒子里，并附上一封书信，派人送到魏军大营。魏国的将领不敢隐瞒，便将来人引入去见司马懿。

司马懿当众打开盒子，只见信上写道：你身为大将，却不敢武力相斗，以决胜负，这与妇人有什么不同？现在我派人送去一套妇女的服装，你如果还不敢出战，便应恭敬地跪拜接受。如果你羞耻之心还没有泯灭，还有点男子汉的气概，便立即定日子决战。

司马懿看后，哈哈大笑，说："孔明把我当成妇人了吗？"当即接受了羞辱，并下令厚待送衣的使者。

魏军的众将得知这事情之后，无不气愤，来到大帐说："我们都是魏国的名将，怎么能够忍受蜀军这样的侮辱？请允许我们立即出战，以决胜负。"

司马懿说："我并不是不敢出战而甘心忍受侮辱，无奈天子早就有了明确的旨意，令我们坚守不战，如果现在轻率出战，便是违抗国君命令了。"众将还是愤怒难平。

司马懿又说："你们既要出战，等我向天子申报批准以后，大家同心协力迎敌，意下如何？"众将这才答应。

于是司马懿便写好表章，派遣使者往合肥军前，奏闻皇帝曹叡。曹叡打开一看，只见上面写道："臣才能低下，而责任重大，陛下曾经明确指示，令臣坚守不战，等待蜀人自己败亡。无奈诸葛亮送来一身妇人服装，将臣视作妇人，耻辱太重了！臣谨预先奏请陛下：近日臣将拼死一战，以报朝廷之恩，以雪三军之耻。"

曹叡看完后，对众大臣说："司马懿既已坚守不出，为什么又上表求战？"卫尉辛毗说："司马懿原本不想出战，一定是诸葛亮的这一番侮辱让众将愤怒，他难以压制，才故意上了这道表章。"

曹叡认为他说得十分有理，便命令辛毗持着皇帝的符节到渭水北岸司马懿大营传旨，命不许出战。众将这才罢休。

司马懿之所以不出战，是因为在耗着诸葛亮。当时，第六次出征祁山的诸葛亮已不再年轻，身体早就吃不消了，他是凭着一口光复汉室的气在和司马懿战斗。如果司马懿出战，就算能胜利，那也必将付出惨重的代价；不出战，自己不战而胜，岂不更好？果然，几个月后诸葛亮病逝五丈原，蜀军撤退。

抬头，就抬得果决一些

司马懿深懂"大丈夫能屈能伸"的道理，他在"能伸"时，迅速出手，一点也不犹豫。

公元249年，司马懿已经年逾七旬。此时曹操早已去世，魏帝是年幼的曹芳，权臣曹爽一手遮天。

一天，魏帝曹芳离开洛阳去祭拜魏明帝高平陵，大将军曹爽等随行。司马懿知道机不可失，连夜进宫请示郭太后，拿到了罢免曹爽的诏书，然后将整个计划对儿子司马昭和司马师和盘托出。

第二天一早，司马懿亲自带领3000死士攻占武库，控制洛阳，之后又屯兵洛水浮桥。贪恋富贵的曹爽，最终没有听从桓范自立的建议，而是相信了司马懿，以为交出权力便可保富贵。没想到曹爽回京后司马懿立刻出尔反尔，以谋反罪将曹爽及其党羽杀死。

"能伸"时，并不代表你要变成一个冷血无情的人。这只是说，在某些关键时刻，我们必须拿出斗争的勇气，必须懂得捍卫自己的利益。

总之，一个人只有做到能屈能伸，才能一帆风顺。

第六章

有手腕的人，懂得人情世故

水深不语，人稳不言

一个人，话说得越多越容易受委屈，秘而不宣是睿智。控制不了自己乱说话，灾祸就逼近了。"他人是非，不如不言；虚伪之言，不如不言；人云亦云，不如不言；言而有信，不如不言。"正所谓"水深不语，人稳不言"。

说话的力量，只体现在合适的场合能发挥出恰如其分的作用，而其他大多数时候，沉默是金方才是真理。因为沉默是看透之后的不言，是看淡之后的不争，是为人的气度，是做人的洒脱。

人世间的是非恩怨、虚伪谗言等等，都需要尽力避免、远离。你参与过多，并不能表现你有多厉害，也不是你多受欢迎，只不过是自己喜好多管闲事，也不过是别人想拉你下水罢了。

傲话需少言

清朝晚期的时候，左宗棠西征，收复了新疆，立下了不世之功。

左宗棠这个人有"文人喜大言"的毛病，立功后更是见人就谈自己的西征经历。有人找他办事，不管是公事还是私事，左宗棠三言两语就能把事情绕到西征上面去，让对方无可奈何，虽然他是功臣，却也让人讨厌。

　　话由心生，说话张扬，往往是内心虚荣心、优越感在作祟。傲话多说，必遭人踩；傲话少说，必得人抬。

　　"天不言自高，地不言自厚"，真正"高"的人不会说自己多高，真正"厚"的人也不会说自己多厚。他们虚怀若谷，谦卑待人，话不说满，事不做绝，留三分余地于人，敬七分低调于己。

强者往往会轻声细语

　　一个人经历越多，思考越深入，知识越渊博，就越懒得与人解释、与人诉说，也就越懒得在无谓的事情上多伤脑筋，多耗心神了。《道德经》说："信言不美，美言不信；善者不辩，辩者不善。"

　　一个人活着，无须太多的物质，也不需太多的人情世故，淡淡地、静静地做自己就好。如此，慢慢走向成熟，不慌不忙，懂得沉默，不骄不躁，学会放下。如同深潭里的水一般，平静淡雅，清净悠然。

　　《墨子·墨子后语》中有一段对话。

　　禽子问曰："多言有益乎？"墨子曰："虾蟆，蛙黾，日夜恒鸣，口干舌擗，然而不听。今观晨鸡，时夜而鸣，天下振动。"蛤蟆和青蛙，哪怕整天叫个不停，你也不会去听它说一两句，可雄鸡呢，虽然平时沉默，可一旦清晨打鸣，便能声震一方。正所谓，不鸣则已，一鸣就要惊人。

　　韩寒在《告白与告别》中写道："比起那些企图通过大嗓门压制世界的人，让全世界都安静下来听自己小声说话的人，才更加可畏。"

　　一个人，越是不动声色地打磨自己，积累自己，就越会显得深沉、深不可测。哪怕不说一句话，也能散发出更大的力量，展现出强大的气场。因为，真理的力量便是如此，它并非靠大吼大叫来彰显。反之，适时的沉默，往往比喧嚣更有力量，也比急于表达来得更有震撼之力。

越解释越像掩饰

"成大功者不谋于众。""谋大事者藏于心，行于事。"真正有本事的人，不会受外界的干扰，很少会盲从，把自己的一些想法放在心里面，用行动去成就事情。

在网上，有网友提问："你越来越沉默的原因是什么？"下面的一个回答说："有时候，你被人误解，却不想争辩；有时候，你被人找碴，却不屑反击；有时候，你不是不知道，只是不想说，于是选择了沉默。"

水越深，水流越稳；人越深，心态越静，越从容。从容的人，淡定的人，便是心胸豁达，成熟稳重之辈。

面对人世间的纷纷扰扰，面对生活中的人情冷暖，我们要会说话，但更要懂得沉默。这种沉默，是一种看破不说破的智慧，也是一种灵魂得到滋养之后的高级处事方式。《格言联璧》中写道："修己以清心为要，涉世以慎言为先。"修己，须清心；清心，须沉默。让自己沉默一点，如同深水一般，静静地流淌，静静地走向远处。

《道德经》说："善者不辩，辩者不善。"在生活中，我们难免会遇到他人的误解。很多时候，你越去解释，越像掩饰；越急于澄清，反而越说不清。因此与其靠言语来证明自己，不如保持沉默。因为有些误会在时间的沉淀下，终会水落石出；有些非议在真相的考验下，自然不辩自明。做人做事，问心无愧，清者自清。

不要以貌取人

很多人常常被外在的表象所迷惑，也就是"以貌取人"。

外貌只是一个人的外在表现，它无法完全反映一个人的内在品质。因此，我们应该摒弃以貌取人的偏见，用心去了解每一个人，发现他们内在的美好。

注重内在

俗语云："人不可貌相，海不可斗量。"

唐玄宗时期，刺史韦诜想要为自己的女儿选择夫婿，但一直没有找到合适的。一日，他在阁楼上赏景，见园中有个名叫裴宽的人正在埋东西，便叫家仆请裴宽过来，问明缘故。裴宽如实相告，原来有人送了他一份重礼，他无法退还，便找了个地方将它埋起来。韦诜听了，敬佩裴宽人品，便将女儿叫来，想要将女儿许配给他。

女儿见到裴宽长相，嫌他丑陋，不愿听从。韦诜教训道："我是爱惜你，为你一辈子好，所以让你嫁给贤良之人，你不要以貌取人，日后他必定有大作为！"女儿无奈，只能作罢。果然，裴宽不负厚望，后来当上了户部尚书，广受爱戴。

韦诜不以衣貌取人，不以贫贱论人，看中的正是裴宽的人品。人总是在不断变化的，一个人当下的贫贱从不会影响其将来的富贵。

"相由心生"往往是最大的错误

以貌取人是一种狭隘的观念。人们常常根据一个人的外貌、穿着、打扮来评判他的性格、能力。然而，这种判断往往是不准确的。

外表只是一个人的外在表现，它受到遗传、环境、喜好、文化等多种因素的影响，无法完全反映一个人的内在品质。有些人外表平凡，但内心却智慧又善良；有些人外表华丽，但内心空虚浅薄。因此，有手腕的人一定不会仅凭外貌就轻易地对一个人的性格、能力、人品等下结论。

也许有人会说："俗话不是说相由心生吗？怎么就不能以貌取人了？"

对于这个问题，一些心理学家和领导力培训的导师，给出了一个相对有道理的解释：在你和某个人第一次接触时，如果他没有给你留下什么印象，或者你没有注意到他，你当然无法对他作出很准确的判断。但是，如果一个人初次见面就让你对他作出了某些判断，一定是因为他的某些举动或者特征引起了你的注意。这时，你的大脑其实在飞速运转，收集了很多细节的信息，在潜意识中调动了自己的判断力，最后根据你的价值观得出了一个结论。这时，对方的一些微表情或者身体的某一个特征，都会被我们的大脑拿来与我们头脑数据库中的内容进行匹配和对比。只不过这些活动大多是在潜意识层面进行的，我们的表层意识没有意识到这个过程，最后我们得到的就是一个"直觉的印象"。

也就是说，通常，我们直觉上对一个人留有好印象的时候，那个判断或多或少是符合自己的利益和价值取向的，也就是我们在"以貌取人"。

平等待人也是一种手腕

佛曰，众生皆平等，你我都是一个心，只因迷误而不同，所以对待别人的态度也就不同了。以貌取人的人只看到表面现象，怎么能做到平等待人呢？

文身大汉可以在公交车上让座，穿西服打领带的可以干着违法犯罪的事，这个时代，科技发达，穿得精致帅气的不一定就是绅士，所以不要以貌取人。

那么，有手腕的人是如何摒弃以貌取人的偏见的呢？

首先，他们会树立正确的审美观念。他们尊重每个人的外貌特征，不因为对方的外貌而对他们产生偏见或歧视。同时，他们也注重内在品质的培养和提升，让自己成为一个有内涵、有修养的人。

其次，他们会用心去了解他人。每个人都是独一无二的个体，每个人有着各自不同的经历、性格和价值观。他们尊重每个人的差异，用心去倾听每个人的故事，理解每个人的想法和感受，真正地了解一个人，发现对方内在的美好。

最后，他们以平等、包容的心态对待每一个人。无论对方的外貌如何，他们对每个人都给予同等的尊重和机会，摒弃偏见和歧视，让每个人能够在平等、公正的环境中展示自己的才华和价值。

有城府的人懂得人心

在这个纷繁复杂的世界里，人心如同一座座迷宫，充满了曲折与未知。然而，那些有城府的人，却能在这迷宫中游刃有余，因为他们懂得人心，知道如何与人相处，如何化解矛盾，如何把握机遇。

加图说过："语言既可以掩饰思想，也可以暴露思想。"

城府是一个人的必备技能

首先，有城府的人具备一颗敏锐的心。他们洞悉人性，能很好地控制自己的情绪。不会轻易与他人交心，精通社会上的人情世故，不经意间就会显出高于常人的情商。

其次，有城府的人懂得尊重和理解。他们明白每个人都有自己的立场和观点，不会因为意见不合而轻易否定他人。相反，他们会耐心倾听，用心去理解对方的想法和感受。这种尊重和理解的态度，让他们赢得了他人的信任和尊重，也让他们在人际交往中更加得心应手。

再者，有城府的人善于控制自己的情绪。他们知道情绪是一把双刃剑，既能伤人也能伤己。因此，在面对挑战和困难时，他们能够保持冷静和理智，不会被情绪所左右。这种情绪控制力，让他们能够在关键时刻保持清醒的头脑，做出正确的决策。

最后，有城府的人具备强烈的责任感和使命感。他们明白自己的角色和使命，知道应该为谁负责、为谁服务。因此，他们会全力以赴地去完成自己的任务，不会因为困难而放弃。这种责任感和使命感，让他们赢得了他人的尊重和信任，也让他们在人生的道路上不断前行。

有城府的人通常有以下五种表现：

第一，懂得沉默。心有"城府"的人往往懂得沉默，不轻易表露自己的想法和情感。在某些场合下，保持沉默可以避免引起麻烦和纷争。

第二，委婉拒绝。委婉拒绝别人是一项为人处世必要的技能，用温和的语言来表达自己的意见，以避免产生不必要的冲突和误解。

第三，懂得表达。懂得表达自己的想法和情感，同时考虑对方的感受和接受程度，以达到更好的效果。

第四，善于观察。善于观察周围的环境和人际关系，以便更好地掌握局势。通过观察和分析来判断自己的行为是否合适，以及如何更好地应对局面。

第五，保持冷静。时常保持冷静，不被外界的情绪影响，处理事情时保持清醒的头脑，以便更好地应对各种情况。

胸有城府，做事无往不利

人到中年，赢在"城府"。

网上有一句很火的话，说："做人，如果没有城府，相当于失去了第二双眼睛；处事，如果没有城府，相当于丢弃了第二个太阳。"

电视剧《甄嬛传》中，宠冠六宫、嚣张跋扈的华妃娘娘就是没有城府，因此最后落得个潦倒收场，在人生尽头树倒猢狲散。相比而言，端妃生性淡然，也能运筹帷幄，笑看风云。她会示弱，懂隐忍。面对后宫众人始终随和恬淡，心有城府成就了她的生存之道。

电视剧《杉杉来了》中的薛杉杉，看似是一只柔软无害的"小白兔"，但是在经历了很多事情之后，变得越来越有城府，在商业酒会上，戴上自己品牌的珠宝，做一个最好的展示，帮助自己发展了事业。而且，她还在朋友订婚的典礼上，向富太太们介绍自家的产品，不断拓展市场。最终，薛杉杉在收获爱情的同时，也因为自身的不断努力，在事业上取得了不小的成绩，完成了自己的梦想。

人生路上，要学会做一个有城府的人，不为其他，只为提高自己。

有城府的人，会对自己有更高的要求，不断地学习，提高自己的认知；懂得借助他人的力量，整合所有的资源，精心地布局规划，可以降低风险，减少对自己的伤害。总之，有点城府会让人表现得越来越优秀，做事也越来越灵活，一步步走向成功。

做人谦卑一些，切忌自我炫耀

"满招损，谦受益"，做人一定要谦卑，这是有手腕的人都懂的道理。

在这个纷繁复杂的世界，我们每个人都有自己的光芒，也都有展示自己的欲望。然而，真正的智者要懂得做人应该保持一份谦卑之心，切忌过分自我炫耀。因为谦卑不仅是一种美德，更是一种智慧，它能够帮助我们在人生的道路上走得更远、更稳。

《西游记》中，孙悟空在斜月三星洞学习。一天，孙悟空在众师兄弟面前炫耀，说菩提老祖在他耳边传授口诀，他就学会了七十二变，然后就念诵口诀，变作一棵松树。这时菩提老祖出现，悟空赶紧现出真身。

菩提老祖说："学了这功夫，怎么可以在人前卖弄？别人见你有这本事，必然要求你传授，你若不传授，别人加害于你，恐怕你性命难保！我也不怪罪你，你走吧！"

悟空说："祖师恩情还未报答，怎么可以走？"

菩提老祖答："哪里有什么恩情，你这一走，日后必会惹出祸端，到时候不要牵连我便是。"

悟空无奈，只得拜辞："绝不提及师父一字！"

　　菩提老祖以这样的方式告诫悟空，要收起狂妄，不炫耀卖弄。

成熟的人，往往懂得低头

　　一棵成熟的稻穗，头必定垂得很低；一个成熟的人，对人必定是谦卑的。

　　谦卑，是一种低调的处世态度。它让我们在与人相处时，能够保持一颗平和的心，不张扬、不炫耀，而是虚心向他人学习，汲取他人的长处。这种态度让我们能够更好地融入集体，与他人建立良好的关系，为未来的发展打下坚实的基础。

　　同时，谦卑也是自我认知的一种体现。它让我们能够清楚地认识到自己的不足和局限，从而不断地去改进和提升自己。相反，如果我们过于自我炫耀，往往会忽视自己的不足，陷入一种盲目的自信中，最终导致失败和挫折。

学会谦卑，赢得人生

　　《尹文子》中讲了这样一则"黄公好谦"的故事：

　　齐国有个叫黄公的人，为人特别谦卑。他有两个女儿，都是全国少有的美女。因为她们太美了，黄公在谈起自己女儿时常用谦辞，说她们相貌丑陋。渐渐地，这两个女儿丑陋的名声传得很远，以致她们已经过了适婚的年龄，还没有人来聘娶。

　　卫国有位年纪很大还没有妻子的人去黄公家里提亲，娶到了黄公的一个女儿，才发现妻子是个绝色美人。于是他逢人就说："黄公喜欢谦虚，才故意贬低他的女儿，说她们长得不美！"

　　从这以后，人们都争相到黄公家中提亲。最后，一位男子娶到了黄公的另一个女儿，一看，这个女儿果然也是一位漂亮动人的美女。

　　谦，是一种智慧，而谦卑，则是一种大智慧。

　　"壁立千仞，无欲则刚，海纳百川，有容乃大。"学会谦卑，才能保持一颗平常心，看花开花落，品人间百态。学会谦卑，才能纳万物于胸，高而不危，满而不溢。

冤家宜解不宜结

在人生的道路上，我们总会遇到形形色色的人，其中不乏与我们意见相左甚至产生矛盾的"冤家"。然而，面对这些冤家，我们应该如何与之相处？是选择继续对抗，让矛盾升级，还是选择化解矛盾，让彼此之间的关系得到修复？

在通往成功的道路上，我们要深知"冤家宜解不宜结"的道理，因为这不仅关乎我们个人的成长和进步，更关乎我们与他人之间的和谐共处。

与人方便，就是与己方便

曾有相邻的两个国家，各在边境设置界亭。亭卒们也都在各自的地界种了西瓜。北边的亭卒勤劳，西瓜长势良好。南边的亭卒懒惰，西瓜又小又少。南亭的人觉得失了面子，夜里偷偷地跑过去，把北边的瓜秧全扯断了。北亭的人次日发现后，气愤不平，便报告当地长官，扬言说他们也去把南亭的瓜秧扯断。

长官说："他们这样做当然很卑鄙。可是，我们明明不愿他们扯断我们的瓜秧，为什么再反过去扯断人家的瓜秧？别人不对，我们再跟着学，那就太狭隘了。从今天起，每天晚上去给他们的瓜秧浇水，让他们的瓜秧长得好，却一定不能让他们知道。"

北亭的人觉得有道理，就照办了。南亭的人发现自己的瓜秧一天好似一天，而且发现是北亭的人在夜里悄悄为他们浇的水，便将此事报告给自己的长官。长官听后感到十分惭愧，又十分敬佩，便将此事告诉给南国的王。南王听说后，有感于北人修睦边邻的诚心，特备重礼送给北王，以示自责，也表示酬谢。结果，这一对敌国变成了友好的邻邦。

那么，如何化解冤家之结呢？

首先，我们需要保持冷静和理智。在面对矛盾时，我们要学会控制自己的情绪，避免冲动行事。只有保持冷静，我们才能更好地分析问题、找到解决之道。

其次，我们要主动寻求沟通。沟通是化解矛盾的关键，只有通过沟通，我们才能了解对方的想法和需求，找到双方都能接受的解决方案。在沟通过程中，我们要保持尊重他人和理解他人的态度，让对方感受到我们的诚意和善意。

最后，我们要学会宽容和谅解。每个人都有自己的立场和观点，我们无法要求他人完全按照我们的意愿行事。因此，在面对矛盾时，我们要学会换位思考，理解对方的难处和不易。当我们能够宽容地对待他人的错误和不足时，我们就已经迈出了化解矛盾的第一步。

"智者搭桥，愚者筑墙。"冤家宜解不宜结，与人方便，就是与己方便。

饶得小人，躲得大祸

《菜根谭》中说："路径窄处，留一步与人行；滋味浓时，减三分让人食。"人活一世，起落沉浮都是人生常态。没有人是一座孤岛，想要在世上立足，就要尽自己所能，广结善缘。

　　魏晋时期，"竹林七贤"之一的嵇康，崇尚老庄无为思想，以打铁为生，自食其力。他的朋友山涛却不了解他的志向，竟然向当时的执政者引荐嵇康做官。嵇康一怒之下，写下《与山巨源绝交书》，与山涛分道扬镳。

　　嵇康如此不识抬举的行为惹怒了当时的朝廷，朝廷将其赐死。嵇康母亲和妻子均已过世，膝下幼子无人抚育。好在山涛重情重义，把嵇康的儿子抚养长大。

做人别太绝，冤家宜解不宜结。得饶人处且饶人，才能避免惹祸上身。兔子急了还咬人，把人逼到绝路，只会落得两败俱伤。

很多时候，饶人只需一条路，伤人只需一堵墙。朋友多了路好走，树敌太多，路只会越走越窄。与人方便，就是与己方便；给别人让路，就是给自己留后路。

再者，化解冤家之结有助于我们建立口碑。在成功的道路上，好的人缘往往起着举足轻重的作用。一个拥有口碑的人，往往能够在关键时刻得到他人的帮助和支持。而当我们与冤家和解后，原本的对立关系就变成了潜在的合作伙伴。这种关系的转变不仅让我们多了一份力量，还让我们在人生的道路上多了一份保障。

有眼力见才能少碰钉子

孔子说:"可与适道,未可与立;可与立,未可与权。"意思是说,可以一起学习的人,未必都能学到道;能够学到道的人,未必能够坚守道;能够坚守道的人,未必能够随机应变。

孔子的这句话体现了人生的境界,即要实现正道,除了信念坚定外,还必须识时务,有眼力见。能成功的人,多是有眼力见的,没有眼力见的人,常常撞得南墙满是坑。

没有眼力见,人生会更艰难

生活中,总是有一些缺少眼力见的人。

小张下班回家的时候,小区门外的一个男推销员极力向他推销东西,邀请小张做按摩,还想推荐专业的器材。小张看都没看他一眼,并且很大声地告诉他:"没空!"

这个男推销员很没眼力见,他继续缠着小张,说什么按摩送东西之类的话。小张本来下班就很累,现在男推销员一再追问和纠缠,他的火气越来越大,忍不住大声说了句:"没空,听不懂吗?"

　　没想到这个推销员受到刺激了，生气地说道："我只是在做自己的工作，你怎么说话的？"小张顿时不乐意了，双方争执起来……

　　网络上有这样一句戏谑话："别人夹菜你转桌，别人敬酒你不喝；上司隐私你乱说，领导讲话你唠嗑；老婆喝水你刹车，丈人打牌你自摸。"试想，这种没眼力见的人，你能忍吗？

做个有眼力见的人

　　那么，生活中我们要如何做才能变得更有眼力见呢？

　　第一，会观察。

　　经常碰钉子的人职场上尤其常见。公司开大会，新员工与领导寒暄，领导示意新人介绍最近的工作情况。结果新人从入职开始说起，说了几句之后，领导抬起头来看了他一眼，眼神中带着些许疑惑，新人还对视了一下，但是没有停。这时，领导开始频繁地看表，新人依然很多话。5分钟后领导不客气地打断了他："说重点！"这时，新人才反应过来，赶紧汇报最近的一项工作进展。回到办公室后，新人还在想："我刚才还有几件事忘了说了。"这是典型的不注意观察周围的情况导致的表现不佳。

　　第二，能预判。

　　要做到更有眼力见，就不能只限于观察，还要学会预判，预判对方的行动和情绪。如果你能够通过和对方有关的一系列事件，预知他的下一步动作，就能提前做好准备，从而实现更好的沟通。

　　其实哪有什么神机妙算，所谓的预判都是建立在对对方需求的充分了解上。

　　朋友带孩子来家里玩。是男孩还是女孩？然后你最好准备一些可以玩的东西。孩子多大了？了解后你就知道是否要准备温水冲奶。公司里也一样，领导要来你们部门调研，所有的流程你得了解一下，你不知道领导要调研什么，但你应该提前给他或她准备一份部门的员工名册、架构表、部门情况、项目推进的说明，哪怕你准备了PPT，但是如果贵公司没有特别严格的环保和节省要求，你还是应该打印一份给领导，便于翻阅。工作做在前面，是最好的眼力见儿。当然，除了行动还要预判情绪。

　　《红楼梦》中，贾母带刘姥姥游览大观园，在潇湘馆，刘姥姥一进黛玉房中便见一屋子的书，忍不住发出赞叹："这必定是哪位哥儿的书房了。"贾母笑指黛玉道："这是我这外孙女儿的屋子。"
　　刘姥姥留神打量了黛玉一番，方笑道："这哪像个小姐的绣房，竟比那上等的书房还好。"可等众人到了薛宝钗房间，看着那一屋子空荡荡，刘姥姥要如何夸？她便干脆不说话。

　　刘姥姥不说话便是有眼力见儿。一屋子什么都没有，要夸就只能夸些不痛不痒的，不仅起不到作用，反而会惹怒薛宝钗。而刘姥姥不说话，是好是坏任人评论，我不发表意见，和我没关系。

学会赞美对手

赞美对手，才能让我们更好地和他人竞争，才能有效沟通。为人处世，你得学会赞美对手。

改变别人的想法一般是不可能的，因为每个人从他出生开始就在生活，他要面对各种困难、阻碍，已经形成了一套自己的理解方式和解决办法。

因此，给成年人讲大道理是最不明智的。一些人常常劝人不成反惹祸，原本对立观点之间的鸿沟没准愈加扩大，双方甚至可能恶语相向。科学研究显示，争论中引用的事实和证据越多，多数人越会想要与他人争辩，产生矛盾后，和解的可能性也就越小。

赞美别人，受益的是自己

如果我们能够学会赞美对手，那么我们的生活将会变得更加丰富和多彩。

1992年11月3日美国大选结束，克林顿击败布什出任新一届的总统。在发表当选演说的时候，克林顿首先感谢了他的对手，言辞恳切地感谢老布什担任总统期间为美国人民做出的贡献，并且呼吁两位竞争对手和拥护他们的选民，与他共同为美国的发展贡献力量，共同忠诚地为美国人民服务。要知道，就在前一天，他们还在台上唇枪舌剑，相互攻击，视对方为死对头。

在克林顿感谢之后，老布什也打电话向克林顿表示祝贺，还幽默地提醒克林顿："白宫是个累人的地方。"并向克林顿表态，他本人和白宫所有人都将全力配合克林顿的团队完成工作交接的任务。

学会赞美他人，是一种高情商的表现。真正的智者，懂得欣赏他人的优点，从他人身上汲取力量。当我们赞美对手时，我们实际上是在肯定他们的成就，同时也是在提醒自己，要不断努力，才能与他们并肩而立。这种智慧不仅能够帮助我们保持谦逊和进取的心态，还能够让我们在竞争中不断成长，不断进步。

赞美对手，还是一种高尚的品质。在竞争激烈的市场上，很多人都习惯于贬低对手，以此来提升自己的地位。然而，这种做法往往只会让人陷入更大的困境。因为当我们贬低对手时，我们实际上也在贬低自己。

我们能够真诚地赞美对手，那么我们就能够展现出自己的大气和胸襟，赢得他人的尊重和信任。这种品质不仅能够帮助我们在竞争中树立良好的形象，还能够为我们赢得更多的机会和资源。

赞美别人，也是竞争策略

古希腊有这样一则故事：

马其顿国王亚历山大和波斯帝国末代国王大流士进行了一场激

烈的战争，最终大流士不敌，战败后逃走。但大流士经多方打听，得知自己的母亲和妻儿都还活着，并且他们的生活并没有因此而受到任何影响，人们还是像他在位时一样礼遇他们。

大流士找到之前效忠自己的仆人，询问自己的妻子是否还对自己忠贞不渝，亚历山大有没有占有自己的妻子。仆人对大流士说："王后跟您离开时一样，仍旧忠贞于陛下，亚历山大也没有对王后无礼。"

大流士听完仆人的话，双手合十向上天祈祷："如果我不再称王，也祈求您一定不要把这领土的主权交到除亚历山大之外的其他人手中，因为他具备高尚的品格，就算对待敌人也不会轻蔑他和玷污他。"

赞美对手，是一种有效的竞争策略。很多人认为，赞美对手就是放弃竞争，就是认输。但实际上，赞美对手恰恰是一种聪明的竞争策略。因为当我们赞美对手时，我们实际上是在向他们表达我们的敬意和认可，这往往会激发他们的自豪感和自信心，让他们更加努力地追求更高的目标。

在这个过程中，我们也能够从中受益，因为我们可以从他们的成功中学习经验，从他们的失败中汲取教训。这样，我们不仅能够提升自己的竞争力，还能够与对手建立起一种良性的竞争关系，共同推动整个行业的发展。

赞美对手，因为对手是检验我们实力的试金石。在敌对竞争中，对手的坚不可摧会使我们认识到自己的弱小与不足，而对手的不堪一击则会使我们充满信心。没有比较就不会有进步，检验自身实力的过程，同时也是超越对手的过程。真正的强者，永远是观察对手、赞美对手，以此正确认识自己。

学会给别人台阶下

有一种顶级情商，叫给人台阶下。

心理学家戈尔曼在《情商》一书中写道："你让人舒服的程度，决定着你所能抵达的高度。"

现实中，低情商的人往往更关注自己，在不知不觉中让别人难堪。而有手腕的人则是在别人尴尬的时候，给人台阶下；在别人左右为难的时候，给人留面子。

避免麻烦

有时候，我们会因为一句话、一个动作而与他人产生矛盾或冲突。如果双方都坚持己见，不肯让步，那么矛盾很可能会激化，甚至导致关系破裂。而如果我们能够学会给别人台阶下，即在适当的时候做出让步，那么就可以化解矛盾，让双方都能够体面地收场。

给别人台阶下，实际上是在尊重对方的感受和尊严。当我们愿意放下自己的固执和面子，去理解和接纳对方的观点时，我们就是在向对方传递一种善意和友好的信息。这种信息能够打动人心，让对方感受到我们的诚意和善意，从而愿意与我们建立更加和谐的关系。

传说，明朝的皇帝朱元璋喜欢钓鱼。一天，他突发奇想，邀请内阁首辅解缙陪他去御花园钓鱼。

解缙很懂钓鱼，很快他就钓到了几条鱼，所以他非常高兴。朱元璋钓了半天，没有一条鱼上钩，眉头紧锁起来。

解缙很快就注意到了朱元璋的不悦，他害怕自己会因炫耀而惹上麻烦。于是，他有了一个计策，他恭敬地说道："陛下，那些鱼很有人情味，也很乖。"

朱元璋问："什么意思？"

解缙马上吟出一首打油诗："数尺丝纶落水中，金钩抛去荡无踪。凡鱼不敢朝天子，万岁君王只钓龙。"吟完诗后，解缙解释说："鱼是不敢遇天子。只有龙才能遇到天子！"

这一下子给足了朱元璋面子，维护了他的自尊。朱元璋于是化怒为喜，消除了心中的不快。

强者会给人台阶下

为人处世，给别人台阶下是重要的手段，有助于化解矛盾、维护和谐的人际关系，还能够提升我们的个人魅力和影响力。一个善于给别人台阶下的人，往往能够赢得他人的信任和尊重，从而在社交场合中脱颖而出，从而成为一个有手腕的人。

此外，学会给别人台阶下还有助于我们自身的成长和进步。在与人交往的过程中，我们不可避免地会遇到各种挑战和困难。通过给别人台阶下，我们能够锻炼自己的耐心、宽容度和解决问题的能力，从而更好地应对生活中的各种挑战。

第七章

侠义心肠对人，
敏捷手腕做事

做事要全力以赴

要做事就好好做，一鼓作气，千万不要拖拖拉拉。否则容易半途而废，之前的努力全白费，或者成为"三分钟热度"的人。

在人生的道路上，每个人都在追求着自己的梦想，渴望着成功。然而，成功并非易事，它需要付出艰辛的努力和不懈的奋斗。

在这个过程中，全力以赴是一种至关重要的态度。有了这种状态，干事创业就有了基础；有了这种激情，事业和生活就有了动力。凡事想干了，才会有希望；不想，则一事无成。

全力以赴的人生会更接近成功

全力以赴意味着我们要全身心地投入所做的事情中去，不留遗憾，不畏艰难。当我们决定做一件事时，就应该把它当作生命中最重要的事情来对待，付出自己所有的热情和精力。

只有这样，我们才能在激烈的竞争中脱颖而出，从而实现自己的梦想。而且当我们全力以赴地去做一件事时，我们会发现自己拥有无穷的力量和潜力。我们会变得更加自信、勇敢和坚定，无论遇到多大的挫折和困难，都能坚持下去，直到成功为止。

生活中，有多少人说自己准备去旅游，说自己准备去学一门乐器，或者学一下摄影。你完全不需要去问他们的进展怎么样了，因为你只需要问一句，你开始了没，有没有旅游计划？有没有购买乐器？有没有了解摄影器材？几乎所有的人都不是没法坚持和被迫放弃，实际上他们根本就没有开始。

有些人喜欢读小说，脑袋里也常常有各种好玩、离奇的故事，于是准备动手写一本自己的小说。但他们只要是把笔握在手上，就总有各种理由不进行下去。

他们时常迷茫自己完成了以后会怎么样，如果没有完成的话别人会怎么看自己，还会怀疑自己的选择是否正确，疑惑另一个方向是否会更好，自己到底适不适合这件事……

如果有人坚持做了一点，又会开始想：是不是做到这个程度就可以了，反正也体验了，大概知道怎么一回事了，也没必要把自己逼得这么紧，不一定非得追求一个结果，过程也是亮丽的风景，自己不妨停下来看看风景，也蛮不错。纠结完了，他们又去读小说，又有新点子，但还是没能下笔。

所以，把事情做完就变得非常重要。有手腕的人做事，都是全力以赴，说做就做。世界科幻小说三巨头之一的海因莱茵曾说过，对于作家来说有两个原则：第一，你必须写作。第二，你必须把自己写的东西写完。想做成一件事，要先完成它，这是极简单的道理。

不能一蹴而就，可以从小事做起

把一件事做好，哪怕是一件小事，你整个人都会不一样的。比如读书，你决定这次打开书本要读30页并且坚持完了，就证明你在读这30页的时间，内心平和，不受外界干扰，你具备一些心理素质。

而且读完了，你就会拥有做成一件小事的成就感。很多时候做事的意义在于觉察到自己是可以的，是有价值有点毅力的，这和"想"完全不在同一个维度。

当我们全力以赴地去做一件事时，我们会发现自己的生活变得更加充实和有意义。我们会体验到成功的喜悦和满足感，也会感受到成长的快乐和成就感。这种体验会让我们更加热爱生活和工作，更加珍惜每一个机会和挑战。

另外，"想"和"做"之间的距离，就在于其间积攒起来的勇气、毅力、经验，你只有把它们积攒到某种程度你才能完成一件事，这就是某种能量的到达，而只是想想而已是无法达到这种层次的。

人生价值的提升，就是从完成每一件小事开始的。那些想着一步登天或者伸手向人索取或者好高骛远的人，永远都不可能主宰自己的命运。

总之，全力以赴是一种成功的态度和精神。它让我们在追求梦想的道路上更加坚定和自信，也让我们在成长和进步的道路上感到更加充实和有意义。让我们以全力以赴的态度去面对生活和工作吧！相信只要我们付出足够的努力和汗水，就一定能够实现自己的梦想和目标！

善于变通，才能心想事成

一个善于变通的人，能很快成就大事。

在这个瞬息万变的时代，我们生活在一个充满未知和可能性的世界里。想要在这个世界中立足并取得成功，我们必须学会变通。

变通是一种智慧，一种能力，更是一种人生态度。只有善于变通，我们才能在困境中找到出路，在挑战中把握机遇，最终实现心中的梦想。

懂得变通，事情才会成功

变通意味着我们要具备敏锐的洞察力和灵活的思维方式。当我们面对问题时，不能一味地固守旧有的观念和方法，而应该积极地寻找新的解决方案。我们需要时刻关注周围的环境变化，从中捕捉有价值的信息，为自己的发展找到新的方向。

同时，变通也要求我们要有勇于尝试的勇气。在追求梦想的道路上，我们难免会遇到各种困难和挑战。这时，我们不能因为害怕失败而止步不前，而应该勇敢地迈出第一步，去尝试新的可能。只有不断地尝试，我们才能发现自己的潜力，才能找到通往成功的道路。

秦朝秦二世在位的时候，陈胜吴广起义，消息传到了朝廷。秦二世胡亥召集各位大臣询问意见，三十多个人都说，这是造反叛乱啊，陛下你要马上发兵攻打。胡亥相当生气，脸色都变了。

一位大臣马上改口说："各位说得都不对。现在天下成为一家了，各郡县城墙都毁了，兵器都销毁熔解了，昭告天下不会再有战争了。而且上面有英明的皇上，下面有法律，人人都奉公守法，四面八方都来归附，哪里还有敢叛乱的人呢？陈胜这帮人只不过是一些偷鸡摸狗的强盗，没什么可怕的！何况现在郡守正捉拿他们呢，用不着皇上费心！"

他这一说完，胡亥高兴了，说："不错。"接着让大家讨论，结果是：说叛乱要出兵的都交给狱吏治罪，而说是盗贼的就不追究了。随后秦二世赏赐给那位大臣丰厚的礼物，并任命他为博士。

等到退朝，这位大臣正往外走，其他大臣追了上来，生气地责问他："我们真没想到，你这么会阿谀奉承！你怎么能说出那样的话？"

他苦笑着说："各位不知道，我也是自身难保啊！各位也赶快逃命吧！"随后，收拾行装逃离了秦朝。

这位大臣知道陈胜吴广的起义对于国家来说就是叛乱，但他也明白胡亥是一个昏君，只想听到他想听的答案，所以言不由心，变通地说出一番假话，从而保全了性命。

毫无原则的变通是低级的

变通并非无原则的妥协和随波逐流，我们必须坚守自己的价值观和人生目标。变通是为了更好地实现自己的目标，而不是为了迎合他人的期望或随波逐流。因此，我们要保持清醒的头脑，坚定自己的信念，确保自己的行动始终符合自己的价值观和人生目标。

学会变通并非一蹴而就的事情。它需要我们不断地学习、实践和反思。我们需要通过阅读、交流等方式，不断拓宽自己的视野和知识面；通过实践，不断积累经验，提升自己的能力；通过反思，不断总结经验教训，调整自己的行动策略。只有这样，我们才能做到处事变通，灵活应对周围的人和事。

王国维在《人间词话》里说："诗人对于宇宙人生，须入乎其内，又须出乎其外。入乎其内，故能写之。出乎其外，故能观之。入乎其内，故有生气。出乎其外，故有高致。"这是讲诗人做诗为文的要领，也告诉我们看待事物要从内到外考察，不仅要内涵好，外表看起来也要高雅精致，这就是追求完美——这也是一种变通，所谓"不识庐山真面目，只缘身在此山中"。

机遇，往往留给有远见的人

　　有这么一个说法：一个新行业，通常有很多人进入，有的人会很有顾虑不敢贸然投入，而有的只在乎现状；但有眼光的人，不会只看眼前这点利益，会更看重未来的发展潜力。

　　这一段话充分说明了机遇是为有远见的人准备的。有远见的人善于抓住机遇，成就一番事业。

抓住机遇，就是胜利

　　在人生的长河中，机遇如同流星划过夜空，短暂而绚烂。它可能是改变命运的力量，如果错失它，我们就会错失成功的契机。

　　然而，机遇并非随机出现，它总是青睐那些有心人。只要我们用心去发现、去把握，机遇就会光临我们的世界。

　　能抓住机遇的人，能够敏锐地感知机遇的存在。他们具备一种特殊的洞察力，能够在纷繁复杂的信息中捕捉到有价值的线索。他们善于观察、分析和思考，能够从不同的角度看待问题，发现别人忽视的机会。这种敏锐的感知力并非一蹴而就，它来自长期的积累和实践。

　　春秋战国时，越国国君勾践被吴国国君阖闾打败，被迫到吴国当马夫。在吴国，勾践受尽了耻辱。他没有自暴自弃，但也没有奋起反抗，只是默默地忍受着，等待一次机会。

终于有一天，当时的吴王——夫差生了一场大病，宫中医生大臣都束手无策。越王勾践采纳范蠡的计策，不但用心侍奉，还替吴王诊断病情。夫差大为感动，他不但对勾践完全放下了戒心，还把勾践当成了心腹之人。夫差病愈之后，不顾大臣伍子胥的反对，把勾践夫妻和范蠡放回了越国。

回到越国后，勾践励精图治。他号令全国百姓素衣斋戒三日以哀悼为国捐躯的死士，并倾尽自己的全部资财抚恤孤寡，以安抚战死沙场的数万英灵。勾践暗暗发誓："丧军之痛、会稽之耻，他日必当数倍奉还吴国。"

勾践还在自己的座席旁悬挂了一枚苦胆，无论行起坐卧、吃饭喝水，都要仰头舔它一下。每当苦胆入口，苦涩难耐之时，越王勾践都会自问一句："勾践，勾践，你忘了在会稽山上所受的耻辱了吗？忘了越国百姓丧子失夫的悲痛了吗？"

就这样，经过十年修整，越国百姓、朝野贤士无不尊崇越王勾践，他们都愿替勾践舍命效力以雪前耻。最终，越国灭掉了吴国。

敢于抓住机遇的人，往往是有手腕的人

机遇往往伴随着风险和挑战，需要我们付出努力和汗水去争取，因此有手腕的人往往能够勇敢地迎接机遇。他们明白，只有勇敢地迈出第一步，才能走向成功的彼岸。而那些害怕失败、畏惧困难的人，往往会错过摆在眼前的机遇。

再者，有手腕的人能够充分利用机遇创造价值。因为机遇本身并不具备价值，它的价值在于我们如何利用它去创造更多的价值。有手腕的人能够深入挖掘机遇所带来的可能性，将其转化为实际的成果。

他们具备创新精神和实践能力，能够运用自己的知识和技能去解决问题、创造价值。同时，他们还能够与他人合作，共同推动项目的进展，实现共赢的局面。

当然，面对机遇最要紧的还是要学会抓住它，否则浪费天赐之机，得不偿失。

三国时期，蜀国向吴国发动了夷陵之战。蜀吴的这一场大战，自然给了曹魏统一天下的机会。但曹魏君臣对将要采取的战略方案意见不一。

蜀国打算攻打吴国时，吴王孙权就已表明要向魏国称臣，那时曹魏的大臣刘晔主张趁势攻打东吴。他的理由是：曹魏应该利用这个时机，马上渡江进攻东吴。这样一来，刘备得知曹魏夹击东吴的消息，会加快进攻东吴。在刘备和曹魏的夹击下，东吴肯定灭亡，东吴灭亡之后，面对强大的曹魏，孤掌难鸣的蜀汉也必将面临灭亡。即使蜀汉夺回荆州，占有半个东吴，它的实力根本不能和曹魏相提并论。

但魏国国君曹丕没有采取刘晔的建议。他认为东吴前来投降魏国，魏国却去攻打东吴，会让天下向曹魏投降的人感到疑惑。最后，魏国在整个夷陵之战中坐山观虎斗，没有得到任何利益，平白浪费了这次机会。

聪明的人，懂得发挥自己的优势

你的成功，来自你的优势

有一则寓言故事：

一头狮子向一位国王请求把公主嫁给它。

国王对狮子说："我很乐意将我的女儿许配给你，但是你的牙齿太长了，如果你愿意将牙齿拔掉的话，我可以考虑一下。"

狮子乖乖拔掉牙齿后，国王又对狮子说："还不行，你的爪子也太长了。"

狮子又乖乖地将爪子磨平。国王见狮子已经废掉了自己的尖牙利爪，就不再害怕它了，命士兵将它杀死了。

狮子乃万兽之王，却死在了手无寸铁的国王手里。它之所以落得如此悲惨的命运，就是失去了自己的优势。

在生活的舞台上，每个人都扮演着不同的角色。真正有手腕的人，他们了解自己的优势，更懂得把优势放大，让它成为自己的招牌，成为自己成功的关键。他们知道，只有充分发挥自己的长处，才能在激烈的竞争中脱颖而出，从而实现自己的梦想和目标。

有手腕的人明白，发挥自己的优势首先需要对自己有清晰的认识。他们深知自己的长处和短处，不会盲目跟风或随波逐流。他们通过自我反思和学习，不断挖掘自己的潜力，提升自己的能力。他们善于倾听他人的意见和建议，但不会被别人的看法所左右，始终保持着十足的信心。

把优势用对地方，比什么都强

在发挥优势的过程中，有手腕的人懂得如何选择合适的时机和场合。他们不会盲目地展示自己的优势，而是会根据具体情况，选择最适合自己的方式来展现。

他们知道在何时何地应该低调行事，何时何地应该高调展现自己的才华。这种恰到好处的表现方式，让他们在人群中脱颖而出，赢得了他人的尊重和信任。

三国时期，杨修是曹营内的行军主簿，他思维敏捷，才名远扬。起初曹操很看重他，可杨修却不安分起来，经常卖弄聪明，后来竟然搅和到曹操的家事里。

曹操的长子曹丕、三子曹植，都是曹操继承人的人选。曹植能诗赋，善应对，很得曹操欢心，曹操很想立他为太子。曹丕知道后，就秘密请自己的谋士吴质到府中来商议对策，但害怕曹操知道，于是打算把吴质藏在大竹片箱内抬进府来，对外只说抬的是绸缎布匹。

这事被杨修察觉后，他不假思考，直接去向曹操报告，于是曹操派人到曹丕府前进行盘查。

曹丕知道后十分惊慌，赶紧派人报告吴质，请他快想办法。吴质听后很冷静，让来人转告曹丕说："没关系，明天你只要用大竹片箱装上绸缎布匹抬进府里去就行了。"结果可想而知，曹操因此怀疑杨修想帮助曹植来陷害曹丕，十分气愤，更加讨厌杨修了。

还有，曹操经常要试探曹丕和曹植的才干，每每拿军国大事来征询两人的意见。杨修很聪明，一猜就能猜出曹操要问他们哪些问题，于是就替曹植写了十多条答案，使得曹植能够对答如流。

对于曹植的表现，曹操心中难免又产生怀疑。后来，曹丕买通曹植的亲信随从，把杨修写下的答案呈送给曹操，曹操当时气得两眼冒火，愤愤地说："匹夫居然敢欺骗我！"

又有一次，曹操让曹丕、曹植出城，却又暗地里告诉门官不要放他们出去。曹丕第一个碰了钉子，只好乖乖回去。曹植知道后，又向杨修问计，杨修很干脆地告诉他："你是奉魏王之命出城的，谁敢拦阻，杀掉就是了。"曹植领计而去，果然杀了门官走出城去。曹操得知，先是惊诧，后来得知事情真相，愈加气恼。

最后，曹操忍无可忍，终于找了个借口把杨修杀掉。

杨修有自己的优势，而且这个优势还是很多人不可比及的，但杨修把自己的优势用错了地方，导致自己被杀，不得不令人叹息。可见发挥自己的优势是一种智慧，也是一种人生态度。只有真正有手腕的人，才能在这个充满变化的世界中立足并取得成功。

懂得合作，才能做成大事

从前，有两个饥饿的人得到了神明的恩赐：一根鱼竿和一篓鲜活硕大的鱼。其中，一个人要了一篓鱼，另一个人要了一根鱼竿，之后他们各自开始接下来的生活。

得到鱼的人马上生火烤鱼，将鱼吃了个精光，不久就饿死在空空的鱼篓旁。而得到鱼竿的人则忍饥挨饿向海边走去，当他艰难跋涉，终于看到海洋时，已经耗尽最后一点力气，最后死在了海边。

又有两个饥饿的人，他们同样得到了神明恩赐的一根鱼竿和一篓鱼。只是他们并没有各奔东西，而是商定共同去找寻大海。他俩每次只煮一条鱼，最终顺利地来到海边。从此开始了捕鱼为生的日子，生活得很幸福。

明白合作的重要性

在人生的道路上，我们时常面临各种挑战和机遇，想要成就一番大事，单凭个人的力量往往难以达成。因此，善于借助他人的力量，明白"1+1 > 2"的道理就是我们实现目标的关键所在。

合作能汇聚力量，共同应对挑战能增大成功的概率。在追求事业的过程中，我们难免会遇到各种困难和挫折。此时，如果我们能够与他人携手合作，共同面对问题，那么我们的力量将会得到极大的增强。

通过集思广益，我们可以找到解决问题的最佳方案；通过共同努力，我们可以克服前进道路上的种种障碍。这种合作的力量，不仅能够帮助我们实现个人目标，还能够推动整个团队、组织乃至社会的进步。

另外，在合作的过程中，我们会接触到不同领域、不同背景的人。通过与他们的交流和合作，我们可以了解更多的信息，掌握更多的知识，拓宽自己的视野。同时，合作还能够激发我们的创新思维，促使我们不断学习和进步。

做大事者都懂合作。如果把利益比作是一个苹果的话，一个人单干就等于你得到了整个苹果，但只是一个苹果而已。如果你和合作伙伴一起种一棵果树，那么凭两人之力，就能够收获一整棵树的苹果。虽然你失去了原先的一个，但是收获了更多。所以，有手腕的人一旦有获利的机会，会把朋友等也拉进来，让利益这艘大船开得更稳、行得更远。

合作共赢

俗话说"三个臭皮匠，顶个诸葛亮"，生活中没有谁是凭着一己之力取得成功的。

一家外企招聘白领职员，吸引了不少人前去应聘。应聘者中有本科生，也有研究生，他们头脑聪明、博学多才，是同龄人中的佼佼者。聪明的董事长知道，这些学生知识渊博，书本上的东西是难不倒他们的，于是，董事长让人事部策划了一场别开生面的招聘会。

招聘开始了，董事长让前6名应聘者一起进来，然后发了50元钱，让他们去街上吃饭，并且要求必须保证每个人都吃到饭，不能有一个人挨饿。

他们从公司里出来，来到大街拐角处的一家餐厅。他们上前询问价格，服务员告诉他们，虽然这儿米饭、面条的价格不高，但是每份最低也得10元。他们一合计，照这样的价格，6个人一共需要60元，可是现在手里只有50元，无法保证每人一份。于是，他们垂头丧气地出了餐厅。

回到公司，董事长问明情况后摇了摇头，说："真的对不起，你们虽然都很有学问，但是都不适合在这个公司工作。"

其中一人不服气地问道："为什么？我们去问过了，50元钱根本不能让6个人全都吃上饭，连最便宜的也不行！"

董事长笑了笑说："我知道那家餐厅，你们可以点5份餐，每人分出一点给第六个人啊。你们没有一个人提出这个方案。但凡有人提出这个方案，我都会招聘他。但很遗憾，没有人提出。"

6名大学生顿时哑口无言。

在我们事业的发展中，一个人的力量可大可小，但若汇聚在一起就会拥有无比强大的合力。要永远牢记"1+1＞2"，一个善于合作的人，也更容易取得事业上的成功。而一个缺乏合作精神的人，事业上难有建树，也很难在激烈的竞争中立于不败之地。

不念旧恶，方成大事

　　人生如逆旅，总会遇到风风雨雨、恩怨纠葛。然而，有手腕的人，往往不念旧恶，心怀宽广。他们懂得放下过去的恩怨，以更加积极的态度面对未来，从而取得更大的成功。

　　他们学会让步，不认为让步就是没面子，不认为让步就失身份。

　　只有胸襟开阔，不去计较，才是真正的强者。越是没本事的人，越喜欢与人争夺，越是有本事的人，越喜欢笑着让步。做人，抬头是一种骨气，低头是一种勇气。

放下恩怨，才能成就大事

　　过去的恩怨纠葛，往往只是生命中的一段插曲，它们或许曾让我们痛苦、愤怒，但终究会随着时间的流逝而淡去。如果我们一直纠结于过去的恩怨，只会让自己陷入无尽的烦恼之中，无法专注于当下和未来。

　　相反，如果我们能够学会放下过去的恩怨，以平和的心态面对生活，那么我们就能够更加专注于自己的目标，更加努力地追求自己的梦想。

　　春秋战国时，赵国的赵惠文王因为蔺相如的机智，才得以从渑池之会上全身而退，因此一回国就提拔蔺相如为上卿，地位超过了武将廉颇。

这一下，廉颇心里不高兴了。在他眼里，蔺相如就是一个巧舌如簧之徒，靠着一张嘴上位，怎么能跟自己拼性命挣下来的功劳相比。再说渑池之会，自己在后方布置军备，才让秦国不敢轻举妄动，怎么现在人人都只夸蔺相如，却没人为自己的努力说一句话。

于是，廉颇放出话来，别让我撞见蔺相如，不然我非要他好看。

蔺相如这时在赵国是一人之下万人之上的地位，可是他听到了这话后，处处都主动躲开廉颇。就算是公事上朝，听说廉颇也在，就称病不出。蔺相如家的门客见到主人这副畏畏缩缩的样子，都觉得没面子，纷纷来辞职。

蔺相如对他们说："你们觉得廉颇将军跟秦王比起来，谁更可怕？"门客说："那当然是秦王了。"蔺相如说："秦王咄咄逼人的威势我尚且不怕，又怎么会害怕廉颇将军呢。赵国二虎相争，秦国就有可乘之机危害赵国。我避让廉颇，是不想因为我们的私怨而影响国家的安危啊。"

这话传到廉颇的耳朵里，他羞愧难当，发现自己的心胸比起蔺相如来差了十万八千里。于是他亲自到蔺府来谢罪，光着膀子背着带刺的荆条，用这种方式表达内心的悔恨之意。蔺相如也不计前嫌，和廉颇从此结为生死之交，一同尽心尽力维护赵国。

这就是历史有名的"将相和"的故事。

蔺相如身居高位，但面对廉颇的侮辱却一点不计较，除了为国家着想之外，还有做人的广阔胸襟。

放下恩怨的价值

不念旧恶，是一种胸怀。胸怀宽广的人，能够容纳不同的声音和观点，不会因为一时的恩怨而与人结仇。

他们懂得用包容和理解去化解矛盾，用宽容和善意去对待他人。这样的人，不仅能够赢得他人的尊重和信任，还能够吸引更多的人加入自己的事业，共同创造更加美好的未来。

不念旧恶，更是一种勇气。面对过去的恩怨，我们往往会感到痛苦和愤怒，但真正有勇气的人，能够勇敢地面对这些情绪，坦然地接受过去的一切。他们不会因为过去的恩怨而畏缩不前，而是会勇敢地迈出前进的步伐，去追寻更加美好的未来。这种勇气，不仅能够帮助我们克服过去的阴影，还能够让我们更加坚定地走向成功的道路。

不念旧恶的人，更能够专注于自己的目标和梦想。他们不会被过去的恩怨所牵绊，而是能够全身心地投入自己的事业中。他们深知，只有不断努力、不断前进，才能够实现自己的梦想。因此，他们会用更加积极的态度去面对生活中的挑战和困难，用更加坚定的信念去追求自己的目标。

总之，不念旧恶是一种高尚的品质和人生智慧。它能够帮助我们摆脱过去的阴影，以更加积极的态度面对未来；它能够使我们建立起更加和谐的人际关系，赢得他人的尊重和信任；它还能够让我们更加专注于自己的目标和梦想，书写更加辉煌的人生。因此，有手腕的人常常会放下过去的恩怨，以宽广的胸怀和坚定的信念去迎接未来的挑战和机遇。

洞悉对方的真实意图

与人沟通，你能听懂对方的真正意图吗？俗话说："弦外之音。"做人做事，有手腕的人常常能听懂话外之话，这样就能使自己的行动直指目标，节省不少工夫，免得白忙活一场。

听懂弦外之音

小王前不久跳槽到一家广告公司做策划员。刚入职不久，公司接到一个大单子，发动全体员工写策划方案，参与竞标，如果方案最后被客户选中会有重奖。

小王绞尽脑汁，花了几天的时间写出了一个方案。方案给老板看后，老板淡淡地笑了笑："有潜力，好好干，以后大有可为。"

小王以为老板是在夸奖自己，非常兴奋，接下来的几天连续熬夜修改完善方案，认为自己写的方案必然被客户选中。可没想到，当公司宣布结果时，他的方案连候选资格都没拿到。这时候小王才意识到，老板对他说的"有潜力"不过是"你现在还没实力"的委婉说法。

在这个纷繁复杂的世界里，人与人之间的交往如同一场场精妙的棋局。在这场棋局中，有些人能够游刃有余，洞察秋毫，而有些人则常常陷入被动，迷失方向。

有手腕的人往往能够洞悉对方的真实意图，从而在人际交往中占据主动，赢得先机。在商务谈判中，了解对方的底线和期望，能够让我们制订出更有针对性的策略，从而达成更有利的协议。在人际交往中，理解对方的需求和动机，能够让我们更加准确地把握彼此的关系，避免误会和冲突。

提高自己，才能听懂弦外之音

当然，洞悉对方的真实意图并非易事。它需要我们有深厚的阅历和敏锐的观察力，能够在交往中捕捉到微妙的细节和变化。同时，它也需要我们有足够的耐心和毅力，不断去试探、去验证，直到找到对方的真实想法。

在这个过程中，我们可能会遭遇挫折和困难，但只要我们坚持下去，就一定能够逐渐提高自己的洞察能力。

北宋时期，有个著名的文学家叫欧阳修，别号醉翁。他在《醉翁亭记》中说："醉翁之意不在酒，在乎山水之间也。"醉翁的情趣不在于喝酒，而在于欣赏山水。这句话也常用来指要洞悉对方的真实意图。

　　　　楚汉相争进入最后阶段时，刘邦听从张良之计，毁弃鸿沟之盟，追杀项羽。

　　　　刘邦派使者相约诸侯出兵，打算将楚军包围歼灭。可是，汉军到达垓下附近后，最被刘邦倚重的彭越和韩信却没有带兵前来会师，因此项羽将汉军打败。刘邦只能坚守，等待援兵到来。

彭越见到刘邦派来的使者后，让使者给刘邦带话说："魏地刚刚平定，军民还畏惧楚军，不能跟随汉王追击项羽。"去往齐国的使者也从韩信那里带回了与彭越相同的意思。

谁都知道彭越说的是假话，是推搪，不能够从正面接受他所说的，那就要从反面来分析他的真实意思：难道是想坐山观虎斗等着坐收渔利？还是趁着刘邦生死存亡之际谋取利益？

所以，当刘邦问张良怎么办时，张良就献计，让刘邦许诺封彭越为梁王，多分封给彭、韩两人土地。刘邦照做，果然彭越、韩信立刻领兵前来增援。

鬼谷子说："反听其辞。"意思是我们在沟通中要学会从反面来听取、分析对方言辞，也就是洞悉对方的真实意图。之后便可根据对方的意图，采取我方的计谋，以达到我方的目的。

总之，有手腕的人能够洞悉对方的真实意图，从而在人际交往中占据主动，以更加成熟和睿智的态度去面对生活中的各种交往。

将军有剑，不斩苍蝇

《史记·项羽本纪》中写道："大行不顾细谨，大礼不辞小让。"意思是：成大事者不必关注细小的枝节，行大礼者不必计较微小的谦让。凡事不斤斤计较、做事大气的人，往往心胸豁达，从而成就一番事业。而在小事上锱铢必较，就没有充裕的时间和精力去谋划更远大的事业，这是舍本逐末。因此，有手腕的人，往往"将军有剑，不斩苍蝇"。

有手腕的人往往不与小人、小事计较

生活中，我们总会遇到形形色色的人，其中不乏一些心胸狭窄、善于算计的小人，也会遇到各种鸡毛蒜皮的小事。小人在背后诋毁你，在关键时刻给你使绊子，让你陷入困境；小事，无时无刻不烦着你，让你没有精力思考。因此，真正有手腕的人，不会和这些小人、小事计较，而是以一种超然的态度面对他们的挑衅和攻击。因为他们深知与小人、小事计较，只会浪费自己的时间和精力，甚至可能陷入无休止的纷争之中。他们明白，人生短暂，应该将有限的精力放到更有意义的事情上。

有手腕的人还具备高瞻远瞩的智慧。他们能够看到事物的本质和它所产生的长远的影响，而不是被眼前的得失所迷惑。他们知道，与小人、小事计较只会让自己陷入狭隘的境地，无法看到更广阔的天地。

　　虞延是东汉时期的一位官员，是陈留（今河南开封东南）人，长得非常威武，力气大能举鼎，被人视为天神下凡。他在大事、原则问题上十分精明，但在小事上常常不大计较，史传说："性敦朴，不注意细事。"

　　年轻时，他在家乡任户牖亭长。王莽称帝时宠幸魏贵人，朝中公卿及郡县官员对魏贵人的亲属及奴仆都畏惧如见虎。虞延听说后十分震怒，他采取突然行动将那些不法的家奴抓进监牢，因此招人记恨，无法升迁，他对此并不在意。

　　王莽末年，天下纷争，虞延身披甲胄，日夜巡逻，维护方圆百里的治安，百姓得以安宁。光武帝时期，虞延被任命为细阳县令。在任上，每到节日他便让囚犯回家过节，犯人感其恩德，到期即回，无人逃匿。

　　后来，虞延辞职回到家乡。当地的太守富宗对虞延的贤名早有耳闻，请虞延出任功曹（郡中总务长，可参与郡中一切政务）。富宗生活奢侈，服装车马常常超过朝廷规定的标准。虞延认为这样下去他迟早会触犯刑律，便劝谏说："晏婴当齐国相国时，连一件像样的皮衣都没有；季文子当鲁国相国时，他的妻子从不穿丝绸衣物。从古至今，生活俭朴的人很少犯生活错误，请您留意。"但是富宗照样我行我素，还辞退了虞延。不久，富宗因过分奢侈被大臣们参了一本，皇帝下令处以死刑。

不计较也须有底线

值得注意的是，不计较小人、小事并不意味着缺乏原则和底线。相反，有手腕的人正是因为有着坚定的原则和底线，才能够在纷繁复杂的事情中保持清醒和坚定。他们不在意的只是不伤害原则的、无关紧要的小人小事，他们把时间和精力都投到自己的既定目标上。

汉高祖刘邦因为行事大气，为人豪爽，在无人重视时就结识了许多生死弟兄，后来也正是这些生死弟兄保着他赢得天下，开创了汉朝盛世；韩信不拘小节，忍受胯下之辱而泰然自若，终成一代名将。明代文学家冯梦龙说过："成大事者，不恤小耻；立大功者，不拘小谅。"意思是做大事的人，不顾虑蒙受小的耻辱；立大功的人，不拘泥于避免小的过错。

人的精力十分有限，哪怕能力再强，也不可能事无巨细达到完美，所以，在必要的地方抠细节，无关紧要的地方不拘小节，把这两者完美地结合起来，必能成就一番事业。

第八章

做个糊涂的
聪明人

聪明外露，不如智慧深藏

做人要学会藏拙。

在现代社会，我们常常被鼓励要表现自己的聪明、才智和成就，但有时候，智慧深藏反而能带来更多的好处，所谓"聪明外露，不如智慧深藏"。

老子说："大巧若拙，大辩若讷。"意思是最有智慧的人，真正有本事的人，虽然有才华，但平时像个笨拙之人，不自作聪明；虽然能言善辩，但好像不会讲话一样。

生活中，做人做事，无论是初涉世事，还是位居高官，无论是做大事，还是一般人际关系，锋芒不可毕露。有了才华固然很好，但在合适的时机运用才华而不被人嫉妒或少被人嫉妒，避免功高盖主，才算是更大的才华。

炫耀是愚蠢的行为

在纷繁复杂的人生舞台上，每个人都渴望展现自己的才华和智慧，以期获得他人的认可和赞誉。然而，过度炫耀往往适得其反，反而让人觉得肤浅和不够成熟。相反，那些智慧深藏、内敛稳重的人，往往更能赢得他人的尊重和信任。

司马懿出生时，大汉王朝已病入膏肓。他虽"少有奇节，博学洽闻"，但生逢乱世，想要出人头地也并非易事。当时，曹操求贤若渴，听闻司马懿学识过人，便派使者前来征辟。

但没想到的是，司马懿选择了拒绝，理由是得了风痹，已经瘫痪在床了。别人做梦都想得到的机会司马懿却弃之不要，因此曹操自然怀疑，于是暗中派人打探。不想司马懿早有准备，成功骗过了曹操的耳目。

那么，为什么司马懿要这样做呢？原来他是在观望。当时，群雄并起，曹操仅仅是其中的一员而已，曹操虽崭露头角，但谁能逐鹿天下尚未可知，司马懿不想"所托非人"，于是退而求隐，继续观望时局。

司马懿这一隐，就隐了7年。司马懿足不出户，每日与书为伴，时刻关注外面局势的变化。直到曹操打败袁绍，大局基本稳定时，司马懿才欣然应召。

初入相府，司马懿也并不急于表现自己，依然藏巧守拙，从不主动出谋献策，只是默默地观察揣摩朝堂局势走向。曹丕、曹植争夺曹操继承人之位时，司马懿暗中辅佐曹丕，给曹丕出谋划策时从不张扬，只是尽心尽力做好臣子的本分。

聪明外露，往往是锋芒外露

聪明外露的人，往往过于自信，容易忽视他人的意见和建议。他们喜欢炫耀自己的才华和成就，以此来证明自己的价值。然而，这种做法往往会让他们陷入孤立无援的境地。因为，真正有智慧的人，懂得虚心向他人学习，善于倾听不同的声音，从而不断完善自己，他们深知"山外有山，人外有人"的道理。

　　某公司的员工小王，名校毕业，能力也可以，但是在公司干了大概一年多就辞职了，主要的原因是不合群，领导不喜欢。

　　原来小王平时在公司，总是自以为聪明，看不起这个看不起那个，和同事共事，总是凸显自己的聪明才干，同事提供的办法对他来说从来都是耳边风。与此同时，他还经常否定领导的想法，领导有什么决定，他总有一堆理由等着领导。总之，他处处想体现自己的聪明才干，刚开始是同事没法忍受，后来领导也没法容忍了，直接被劝退了。

不谦虚容易招人嫉恨

　　《易经》说："天道亏盈而益谦""人道恶盈而好谦"。"盈满者得祸，谦损者得福。"意思是，天道使自满者蒙受亏损而使谦虚者受益，人道厌恶自满而喜爱谦虚。自满者容易招来祸患，而谦虚者容易得到福报。

　　喜欢抬高自己的人，常常自夸自大，结果没有得到他想要的夸赞，反而招来了他人的贬损；自恃强大的人，往往招来他人的挑衅，轻则麻烦不断，形象受损，重则导致事业遭受损失。

　　所以，有手腕的人拥有谦虚、善于倾听、善于观察、耐心、自制力等品质，懂得"聪明外露，不如智慧深藏"的道理，让自己的智慧得到更好的发挥和展现，从而在人生的道路上走得更远、更稳健。

忍耐处世，游刃有余

稻盛和夫说："遭遇苦难时，有能够忍耐的人，也有不能忍耐的人，我认为，他们的未来将完全不同。是直面苦难，还是被苦难击垮；是放弃初衷，妥协了事，还是千方百计，努力克服困难。人能否成长，这里就是分水岭。"

上天绝不会给我们一个四平八稳的人生，我们的人生常常遭遇各种苦难。

如何面对苦难呢？有的人用积极乐观的心态，坚韧不拔地不懈努力；有的人不管不顾往前冲，好似一位勇士；有的人悲观消极，不知所措。但不管以什么心态面对苦难，忍耐都是必要的品质，经历这样的忍耐过程，人才能成长。

人在低谷，忍耐才能出头

在人生的舞台上，做人做事要忍耐，这不仅是一种智慧，更是一种生活态度。只有学会了忍耐，我们才能在人生的道路上游刃有余，从容应对各种复杂情况。

《资治通鉴·秦纪三》记载，公元前225年，秦始皇灭掉了魏国。

过了几年，秦王听说张耳、陈馀是魏国名士，便发布公告，重金缉拿他俩。无奈之下，张耳、陈馀只好改名换姓，四处亡命。

后来他俩逃到陈县，充当里正（古时乡官的称呼）的门卫，以此艰难度日。有一天，陈馀犯了一点小错，正好被里正抓到，里正拿起鞭子就朝陈馀抽去。陈馀大怒，当即就要还手。这时，张耳在一旁偷偷拽了拽陈馀的衣角，示意他不要发作。陈馀便强忍着心头怒火，低着头忍受着鞭打。

等里正走后，看到陈馀一脸不服，张耳就把他扶到一棵树下，责备他说："平时我和你是怎么说的？大丈夫能屈能伸，小不忍则乱大谋。现如今受了点侮辱，吃了点皮肉之苦，你就想和一个小吏以性命相搏，太不值得了。"

听了这话，陈馀这才幡然醒悟。此后无论遭遇什么，两人始终保持克制和隐忍。等到了陈胜、吴广起义，两人才终于出山，在乱世中建功立业，最后各自封侯拜将。

小不忍则乱大谋

忍耐是一种内在的修养，它让我们在面对困难时保持冷静和理智。当我们遇到挫折和困难时，往往会感到痛苦和焦虑，这时就需要我们保持耐心，冷静分析问题，寻找解决问题的办法。如果我们没有忍耐的品质，就会因为一时的冲动而做出错误的决定，导致事情变得更加糟糕。

做人做事要忍耐，也意味着我们有长远的眼光。生活中的事不是一蹴而就的，需要我们付出时间和努力去实现。如果我们缺乏耐心，总是急于求成，就很难取得真正的成功。只有当我们学会了忍耐，才能够持之以恒地坚持下去，最终取得丰硕的成果。

忍耐还能帮助我们更好地规划未来，不会因为一时的得失而影响到长远的计划。不愿意忍受小的委屈，或不愿付出小的代价，就会失去成大事的机会。

"汉初三杰"之一的韩信评价西楚霸王项羽，说："项王暗恶叱咤，千人皆废，然不能任属贤将，此特匹夫之勇耳。项王见人恭敬慈爱，言语呕呕，人有疾病，涕泣分食饮，至使人有功当封爵者，印刓敝，忍不能予，此所谓妇人之仁也。"这段话的意思是：项王发怒大吼、厉声呵斥时，上千的人都胆战心惊，但是他不能任用有才能的将领，这只不过是匹夫之勇而已。项羽对人恭敬慈爱，言语温和，他的部下有人生了病，他会同情地流下眼泪，还把自己吃的东西分给他们吃。但是，当他所用的人立了功应当给予封赏爵位时，他却不舍得授给人家，这就是人们所说的妇道人家的仁慈。

匹夫之勇，容易被人激怒而失去理智；妇人之仁，舍不得让出小利而吃大亏，这两种情况就是不能忍耐处世的表现。项羽舍不得封赏功臣，留不住人才，导致韩信这样的盖世奇才跑到了刘邦那边；忍受不了失败的耻辱，失去了东山再起的机会，最终落得个乌江自刎的下场。韩信自己则是忍得了胯下之辱，最后才能成为西汉军功最大的将领。

做人做事要忍耐是一种智慧和生活态度。通过培养忍耐的品质，我们可以不断提升自己的内在修养和能力水平，从而创造更加美好的未来。

锋芒要藏而不露，关键时刻要会装傻

作家三毛说："当你学会了装傻，懂得了扮哑，就会发现心知肚明的事不必言说，学会伪装自己，才是最好的处世之道。"

装傻是心宽大度，不较真；是内心清如明镜，知道什么话不该去说，是明白什么事不该去做；是生活中一种低调的智慧和为人处世中适当的沉默。

装傻，能得利

在这个纷繁复杂的社会中，我们时常需要面对各种挑战和竞争。为了取得成功，许多人努力展现自己的才华和实力，希望以此赢得他人的认可和尊重。

然而，有时候过于张扬反而会适得其反，陷入没必要的困境。而学会藏而不露，在关键时刻会装傻，往往能让我们在人生道路上出奇制胜。

美国第九任总统威廉·亨利·哈里森出生在一个镇上，性格内向寡言。邻居们以为他是小傻瓜，经常把一枚五分硬币和一枚一角硬币扔在他面前，让他任意捡一个。哈里森总是捡那个五分硬币。

于是，大家就更加认为他是傻子，常常用这种方法逗他取乐。

有一天，一位善良的老妇人实在看不下去了，问他："孩子，难道你不知道一角硬币要比五分硬币值钱吗？""当然知道。"哈里森淡定地说，"可是我如果捡了那个一角硬币，谁还会再次把硬币摆在面前让我选？那么我就连五分钱也拿不到了。"

装傻，能成事

《道德经》说："大成若缺，其用不弊；大盈若冲，其用不穷。大直若屈，大巧若拙，大辩若讷。躁胜寒，静胜热。清静为天下正。"意思是说最完满的东西，好似有残缺一样，但它的作用永远不会衰竭；最充盈的东西，好似是空虚一样，但是它的作用是不会穷尽的。最正直的东西，好似有弯曲一样；最灵巧的东西，好似最笨拙的；最卓越的辩才，好似不善言辞一样。躁动克服寒冷，清静克服暑热。清静无为才能统治天下。

当我们过于张扬时，很容易引起他人的反感和嫉妒，从而破坏人际关系。相反，如果我们能够保持谦逊和低调，学会装傻，不仅能够赢得他人的好感，还能够避免因过于自信而导致的错误决策。同时，装傻也能帮助我们更好地保护自己，不过早地遭到他人的打压和排挤。在强劲的对手面前装傻，能出其不意攻其不备。

民国初年，袁世凯继任大总统，不久之后他签订丧权辱国的"二十一条"，在日本帝国主义的支持下，悍然称帝。曾受助于袁世凯的云南都督蔡锷，对这种倒行逆施的行为深恶痛绝，下决心要"为四万万人争人格"，因此起兵讨袁成了他的大事。

　　袁世凯担心手握重兵、威望颇高的蔡锷，便名义上请他到北京任职，委以重任，实则是监视他、提防他。

　　认清了袁世凯真面目之后，蔡锷索性将计就计，一方面对袁世凯表示绝对顺从和拥戴，一方面，"终日沉湎于曲院，以示颓唐"，还闹出力捧名角小凤仙而与家中夫人不和的笑话。

　　如此"装傻"，终于让蔡锷找到了脱身机会，他辗转地回到云南，召集旧部，扯起了"护国运动"大旗，最终迫使袁世凯退位，成为我国著名的民主革命家、军事家。

聪明的人往往会装傻

　　"装傻"是一种更高层次的智慧，不是真正的愚蠢，而是一种策略性的选择。在某些情况下，我们需要通过装傻来避免麻烦和冲突，要暂时放下自己的立场和观点，以更加客观和理性的态度去观察和思考问题。这样不仅能够让我们更好地了解他人的想法和需求，还能够避免因过于坚持己见而导致的矛盾和冲突。

　　学会在关键时刻"装傻"，是一种在人生道路上必须掌握的智慧。它能够帮助我们更好地处理人际关系、保护自己、展现自己的价值，并在关键时刻发挥出更大的作用。

好汉要吃眼前亏

有人曾问哲学家柏拉图：天与地之间的高度是多少？他毫不犹豫地说："三尺。"

那人不屑地说："人都有四五尺高，岂不是要把天捅个窟窿吗？"

柏拉图笑着说："所以说，人要立于天地间，就要懂得低头啊！"

吃眼前的亏，钓长线的鱼

人生于世，我们难免会遇到一些不如意的事情，比如被误解、被指责、被排挤等。面对这些，如果我们总是斤斤计较、耿耿于怀，那么我们的心灵就会被束缚，无法获得真正的自由。而有手腕的人却懂得"好汉要吃眼前亏"这个道理，用低头来保全自己，用宽广的胸怀去包容他人的过错和不足。

眼前的吃亏只是暂时的，我们从更长远的时间线来看，往往这种吃亏是值得的。比如，在工作中，我们可能会遇到一些不公平的待遇或者艰难的任务，但如果我们能够坚持下去，克服这些困难，那么我们就会获得更多的经验和机会，为未来的职业发展打下坚实的基础。

　　《三国演义》中，刘备被吕布打败后，不得已到许都投奔曹操。曹操的臣子程昱来许都办事，见过刘备后，对曹操说："我看那刘备有雄才，而且深得人心，终将不为人下。不如早点除掉，以绝后患！"此时的刘备可谓一言不慎就会招致杀身之祸。于是他就在家中种菜，让人觉得他不思征程，不想事业。

　　曹操为探刘备真心，约他前来青梅煮酒，共谈天下大事，评论各方诸侯。几杯酒下肚，曹操问刘备，天下英雄几何，豪杰几人。刘备一开始支支吾吾，见推脱不过，只能随便说了几个：淮南袁术、河北袁绍、荆州刘表、益州刘璋……

　　曹操听后，连连摇头。他说，所谓的英雄，应该如真龙一般，能大能小，能升能隐；或飞腾于宇宙之间，或潜于波涛之内。曹操指了指刘备，又指了指自己，说："今天下英雄，惟使君与操耳！"

　　刘备听后顿时大惊，手中匙箸不觉落地。刘备借口害怕打雷才将手中筷子掉落地上，曹操问他："大丈夫还害怕打雷？"刘备解释道："圣人迅雷风烈必变，安得不畏？"这一刻，刘备选择了"好汉要吃眼前亏"。

　　刘备吃掉这个眼前亏，选择暂时认输，是为了保全自己，避开了曹操的杀心。他后来终成蜀国的君王。

吃亏就是避其锋芒

　　俗话说："懂得低头才能出头。"有时候吃一点亏，是一种宽容，是一种从容，是一种竞争的避让，是一种生存的智慧。留有一点存在的机会，才会有出头的可能。有的时候，吃一点亏才能看见自己的幸福，才能看见自己的不足。因为总是顺顺利利，我们就会看不见自己的缺点，不能及时地反省一下自己，发现自身的不足。

"好汉要吃眼前亏"是一种需要勇气的行为，它是为了达到胜利而做出的一些牺牲，体现了一种谦卑的智慧，是走向成功所需的必备条件。

韩信肯吃眼前亏，忍受胯下之辱，满大街的人都嘲笑韩信，认为他胆小怕事，是个懦夫。然而，之后韩信从军，却被汉王拜为大将军，叱咤风云，建立了不朽功业。

《道德经》说："人之生也柔弱，其死也坚强。草木之生也柔脆，其死也枯槁。故曰坚强者死之徒，柔弱者生之徒……强大处下，柔弱处上。"意思是说，事物若表现得过于刚强，则必走向衰朽，懂得适度示弱反而是上策。所以说，有一种智慧，叫"好汉要吃眼前亏"。

懂得吃亏、示弱的人，才是真正的人生赢家，才能在人生的道路上越走越宽广，成为真正的英雄好汉。

适度暴露一些缺点

人，总是习惯于嫉妒那些优秀的同类。在这种心态的影响下，我们往往对于那些身上闪烁着成功光芒的人感到一种莫名的不悦和嫉妒，仿佛他们的成功是对自己的一种嘲讽。

因此，我们适度暴露一些缺点，不仅能让别人更加了解我们，还能避免引起他人的嫉妒，让他们更容易接纳自己，其实人无完人，大家都有缺点和不足。

暴露缺点才能相处融洽

适度暴露缺点，能够拉近人与人之间的距离。当我们勇敢地暴露一些缺点时，别人会感受到我们的真实和坦诚，这种真实感能够打破人与人之间的隔阂，让我们更容易建立起深厚的友谊和信任关系。

同时，当我们看到别人也有缺点时，我们会更加理解和包容他们的不足，从而建立起更加和谐的人际关系。

正确看待缺点有助于我们的个人成长。面对自己的缺点，我们不应该回避或掩饰，而应该正视并努力改进。当我们勇敢地暴露缺点时，别人会给予我们更多的建议和指导，帮助我们更好地认识自己，找到成长的方向。同时，暴露缺点也能让我们更加谦虚，通过不断反思自己的行为和态度，从而不断提升自己的能力和素质。

　　小李是某公司的员工，他才华横溢，工作能力出众，但同事们对他总是敬而远之。他很困惑，不知道为什么自己无法融入团队。

　　朋友告诉他，他表现得过于完美，可能让同事们备感压力，觉得无法与他产生共鸣，建议他尝试在工作中表现出一些微小的失误，让同事们看到他并非完美无瑕的一面，这样可能会让他们更容易接近和信任他。

　　小李采纳了朋友的建议，开始在工作中表现出一些小瑕疵。比如，在会议中偶尔会犯个小错，或者在某些细节上表现出一些自己的不完美。刚开始的时候，同事们都对此感到惊讶，但随着时间的推移，他们开始逐渐接受并欣赏小李的这一改变。他们觉得小李变得更加平易近人，也更加真实可信。最终小李和同事们打成一片。

暴露缺点，恋爱才能长久

　　在恋爱里，学会主动暴露自己的缺点尤其重要。

　　情侣之间，在热恋期总是如胶似漆，不管怎么看对方，全身上下都是优点。然而等感情进入平淡期时，会突然发现对方身上怎么有这么多缺点，从而产生心理落差，看对方觉得哪儿哪儿都不顺眼。

　　这一现象在心理学上叫作"晕轮效应"。即当你对另一半形成一个好的印象后，会倾向于根据这个印象去推论另一半其他方面的特征。简单点来说，就是以点带面，以偏概全。

　　例如在两人约会时，女生花两小时化一个精美的妆容，前一天便准备好要穿的衣服，男生也会在出门前喷点香水，注重自己的仪容仪表。两个人就像男神女神一样，全身上下仿佛都闪闪发光。可等到关系更进一步，男生会发现早上起床的女生头发乱糟糟，像鸡窝，女生会发现男生一天不刮胡子就胡子拉碴；男生会吐槽女生怎么这么懒，女生会吐槽男生在家里怎么什么都不干……

　　如果在感情里主动暴露自己的一些缺点，那么就能最大程度减少晕轮效应带来的偏差。

喜怒不形于色

小和尚问老和尚："一个人成熟的标志是什么？"

老和尚笑笑说："不再什么事都写在脸上，所有的喜怒哀乐都在自己的心里。你的内心如大海翻涌，脸上却云淡风轻！"

《菜根谭》里有一句话："人不轻喜怒，物不重爱憎。"意思是说，君子在为人处世的时候，不能轻易对别人表露自己的欢喜与愤怒。有手腕的人，喜怒爱憎都不会太过流于表面。

人生如戏，要有演技

世界经典电影《教父》中，当毒贩索拉索找到教父进行谈判时，教父已经摆明要拒绝他的邀请，但是教父的大儿子桑尼显然是没控制住自己的欲望，将自己对金钱的渴望表达出来了，也让对方看到了这一家人的内部矛盾，从而导致了后面的刺杀事件。

相比之下，教父的养子汤姆，擅长将自己的情绪隐藏起来，不让外人看到自己在想什么。虽然他没有像教父一般的洞察力，但与桑尼同样认为毒品才是未来的趋势。这一点在他与导演华尔斯见面谈判的时候表现得更是淋漓尽致。

　　华尔斯在一开始并不打算搭理这个不速之客，言辞中也满是挑衅与不屑，但是汤姆定力十分优秀且喜怒不形于色，临走的时候幽默地说："我很喜欢你的电影。"这让华尔斯开始警觉，认为此人非池中之物，于是立马叫人去调查他的背景。

在纷繁复杂的人生舞台上，我们每个人都是一名演员，演绎着自己的角色。而学会控制情绪，保持内心的平和与宁静，喜怒不形于色，便是做人的最高境界。

喜怒不形于色，意味着我们需要具备一种内在的定力，能够在面对各种情绪刺激时，保持冷静与理智。当遇到喜事时，不因过度的兴奋而忘乎所以；当遭遇困境时，也不因过度的沮丧而失去信心。这种内在的定力，是我们在面对生活的起起伏伏时，能够保持内心平衡与稳定的关键。

　　光武帝刘秀年轻时十分勤勉，喜好种田，不显山不露水，城府很深。因此，在他正式展露才能之前，许多人都看不出刘秀是一个有雄才大略的人。

　　有一回，刘秀与他的姐夫邓晨一起去拜访蔡少公。蔡少公对图谶颇有研究，说："刘秀当为天子！"王莽朝的国师也叫刘秀，有人因此问道："你说的是国师公刘秀吧？"在一旁的刘秀也半开玩笑道："你怎么知道不是说我呢？"在座的人只有邓晨暗喜，其他人都哄堂大笑，没人相信刘秀会有大作为、能当皇帝。

　　后来，刘秀的哥哥刘縯被任命为大司徒，刘秀也在昆阳之战中率军打败王莽大军，兄弟俩声名大噪。新市兵、平林兵的将领们因为刘縯、刘秀兄弟威名日盛，便秘密建议更始帝刘玄除掉他俩。

刘秀瞧出端倪，提醒刘縯说："看情况，更始帝打算跟我们过不去了。"而刘縯却对此满不在乎，笑着说："他一向如此。"李轶最初与刘縯、刘秀兄弟的关系很好，后来却转而谄媚拥有权柄的新贵，刘秀又提醒刘縯说："对这个人不能再信任了！"哥哥也不听从。

刘縯的部将刘稷勇冠三军，听说刘玄即位的消息，大怒说："当初起兵图谋大事的是刘縯兄弟，而今更始帝是干什么的呢！"刘玄任命刘稷当抗威将军，刘稷不肯拜受这一任命。刘玄于是与将领们部署数千军队，逮捕刘稷，准备诛杀。刘縯坚持反对。李轶、朱鲔趁机建议刘玄同时逮捕刘縯，因此刘縯和刘稷一起被斩首。

刘秀听到消息，从前线赶回宛城，十分诚恳地向更始帝刘玄请罪。而且当刘縯所属的官员前来迎接刘秀并表示哀悼时，刘秀不与他们谈一句私话，唯有深深自责而已，既不曾夸耀自己保卫昆阳的战功，也不为刘縯服丧，饮食言谈欢笑跟平常一样。更始帝刘玄见刘秀如此，内心深感惭愧，于是就任命刘秀当破虏大将军，封武信侯。最终，刘秀间接杀掉了李轶，为哥哥报了仇。

从容不迫，方能喜怒不形于色

喜怒不形于色体现了人的成熟与稳重。一个成熟的人，懂得在复杂的社交环境中保持自我，不轻易被外界所影响。他们明白，情绪的外露往往会暴露自己的弱点，给对手可乘之机。因此，他们选择将真实的情感隐藏在内心深处，用冷静的外表去面对生活的种种挑战。

喜怒不形于色也是个人修养的一种体现。一个修养深厚的人，能够在面对各种诱惑和挑战时，保持内心的平和与宁静。他们不会因为一时的得

失而大喜大悲，也不会因为外界的赞誉或贬低而动摇自己的信念。这种内
在的定力和平静，是我们在人生道路上不断前行的重要支撑。只有这样，
我们才能在复杂多变的人生中，保持一颗平静而坚定的心，走向更加美好
的未来。

逢人只说三分话，不可全抛一片心

电视剧《天道》里有一段台词，主角丁元英说："人要学会藏两样东西，一是心事，二是本事。心事，要藏在自己心里，一旦说出来，就成了别人嘴里的故事，如果心不设防，受伤是早晚的事。本事也要藏三分，本事如锋芒，是一种刺，很容易扎伤别人，人都有嫉妒心理，宁可接受陌生人成功，却很难容忍身边人拔尖。如果你不懂敛藏，肯定会招来数不尽的明枪暗箭。"

说话要留一手

在人际交往的纷繁世界里，我们时常会遇到各种人和事，每个人都在自己的小宇宙里怀揣着秘密和真实。

商业圈有一则经典的故事向人说明"逢人只说三分话"的道理。

陈经理有事出差，在途中偶遇一位富商。因为都在商界打拼，二人很谈得来，大有一见如故之感，相互交换了名片。陈经理也算是走南闯北很多年了，但这位富商举手投足间大商人的气质还是让他甘拜下风，一番话谈下来，原有的一点戒备之心也完全放下了。

　　巧的是，两人要去的又是同一个地方，在长时间的交谈之下，富商对陈经理的产品兴趣颇浓，言语间透露出想要合作的意思。于是在接下来的旅程中，两人很快就打成一片，吃在一起，住在一起，简直就像是一对相交多年的老朋友。

　　这天，陈经理与客户谈成生意，顺利完成了出差的任务，也拿到了客户给的大笔定金，他把定金放在包里。晚饭后，陈经理和往常一样与富商在客房里聊天。不久，陈经理起身去卫生间，可就这一会儿的工夫，当他回来时，富商和自己那个装满钱的皮包都不见了！

　　原来，这个富商是假冒的，他只是一个骗子而已。

人与人相处，最忌讳交浅言深，虽然为人需要真诚，但是更需要有界限感，因此有手腕的人都懂得"逢人只说三分话，未可全抛一片心"。

既要问心无愧，也要处处留心

"逢人只说三分话"，并不是说要我们变得虚伪或狡猾，而是强调在交流中要有所保留，避免因为过于直率而引发误会和冲突。

在人际交往中，每个人都有自己的底线和隐私，过于直接地表达自己的想法和感受，可能会触碰到他人的敏感点，造成不必要的伤害。因此，适当地保留一些话语，既是对自己的保护，也是对他人的尊重。

"不可全抛一片心"，则是告诫我们在与人交往时，要有所警惕，不可轻易将自己的全部真心交付给他人。

人心难测，我们无法保证每个人都会以同样的真诚对待我们。如果我们毫无保留地将自己的心事、秘密和弱点暴露给他人，一旦遇到不良居心的人，就可能被利用或受到伤害。因此，我们需要学会保护自己，避免在人际交往中受到不必要的伤害。

　　唐朝武周年间，有个诗人叫宋之问，为了媚附权贵，他巴结武则天面前的红人张易之。后来发生神龙政变，李显复位，宋之问因依附错了对象被贬为泷州参军。由于难忍泷州的艰苦，他秘密逃返洛阳。

　　当时他的朋友张仲之出于好心，收留了他。张仲之拿宋之问当自己人，对他无话不说，甚至把自己秘密除掉武三思的计划也对宋之问说得清清楚楚。

　　谁知宋之问听了这个惊天秘密后，不仅没有帮朋友保守秘密，甚至打起了小算盘，私下派侄儿去告发他。可怜的张仲之由于识人不善、乱讲真心话而导致自己被杀，全家也遭到株连。

《论语》说："不可与言而与之言，失言。"所以说话需谨慎，切不可交浅言深，更不可轻言妄语。在人际交往中我们需要适度的保留和保持警惕，避免因为过于直率、轻信而受到伤害或者伤害别人。只有这样，我们才能在人生的道路上越走越宽广，成为真正的人生赢家。

第九章

没有靠山，
也能在职场上
风生水起

学会和领导站在一条线上

领导很重要

某公司空出一个管理岗位，人事让部门经理上报两个候选人，以供参考。经理推荐了小张和小林，他认为小张资历深、能力强，可能更适合主管的岗位。

确实如经理所说，小张资历深，在公司四年多，技术也很全面。但他的性格偏温和，比较佛系，没有太强的进取心，要不然以他的条件也不会在公司四年还是基层员工。

而小林呢，虽然资历相对浅，来公司不到两年，技术能力也未必比小张强，但他做事比较积极，也很好学，有百折不挠的精神。公司发消息小林基本最先回复；参加线上会议时的精神面貌也非常好，不像有些人透着居家办公的颓废和慵懒。

最主要的是小林和经理站在一条线上，经理交代什么或者让他做什么事，他都没有异议坚决执行。反观小张，由于能力强，经理的方案有时听不进去，还会争辩一番，给工作增加一点麻烦。

最后，人事没有听取部门经理的建议，而是选择让小林做了主管。

职场就像一条河，每个员工是一艘航船，独自扬帆破浪。而领导，无疑是这些航船的领航者，他的决策和指引往往决定了整个团队的方向和命运。因此，学会和领导站在一条线上，不仅是职场成功的关键，更是个人成长的重要一环。

领导作为团队的决策者，他们考虑问题往往更全面、更深远，要学会和领导站在一条线上。不仅如此，还要站在领导的角度思考问题，这样我们就能提升自己的视野和思维层次，更好地把握工作的方向，更准确地执行领导的决策，从而在工作中取得更好的成绩。

紧跟领导步子

有句话说得好，领导是你最大的客户。无论你从事哪种工作，身处哪种职位，我们都必须明白一件事：只有和老板站在一条线上，员工才能在职场上站住脚，才能有发展和晋升的机会。在开展工作的时候，员工可以请示老板，让他告诉你他希望把工作做成什么样。这样既保证你了解老板的想法，又不容易在工作中出现方向性的错误。

很多职场新人做事比较实在，但往往不懂得和领导站在一条线上。比如，领导安排个任务，他们可能从自己的角度评估可行性，觉得自己有六七成把握了，才敢接下来，否则就会第一时间反驳领导，说一大堆反对的话，领导当然内心不舒服。

公元208年，统一了北方的曹操率领20万大军挥师南下，欲统一南方。此时南方的主要势力是东吴孙权，曹操因此给孙权写信，要求他投降。

　　面对生死存亡的考验，东吴颇有威望的大臣张昭首先发言："曹操以天子的名义征讨四方，我们若与其作战，显得名不正、言不顺，再说，我们东吴可以抗拒曹操，依靠的是长江天险。如今，荆州已落在曹操手里，长江天险他已与我们共有，以我们现有的兵力，明显寡不敌众，我看还是选个万全之策，迎接曹操，投降朝廷！"

　　张昭说了那么多，其实主要就两个字——投降。因为他在朝廷威望很高，所以这个主张得到了很多人的拥护。张昭在发表完建议后，还补充了一点："投降朝廷，则东吴百姓不受战乱之苦，江南六郡也可保住！"

　　孙权听了张昭的高谈阔论，一句话也不说。但看到以张昭为首的一群文臣叽叽喳喳地说着投降的理由、投降的好处，心里不耐烦，便起身上了厕所。

　　谁知，孙权刚一离开，刚才一言不发的鲁肃便追了出来。鲁肃说："刚才他们说的话，您可千万不要听，全东吴的人都能投降曹操，但将军您却不能！"

　　孙权听了鲁肃的话后，诧异地问道："为什么？"

　　鲁肃说："我们投降了曹操，曹操会根据我们的能力、地位，让我们担任相应的职务，以后工作做得好了，我们还会继续升迁，可孙将军您若投降曹操，曹操会怎么安排您呢？"

　　鲁肃的这番话才是孙权的心里所想——大臣们投降曹操，还能继续做大臣，可我这个一方枭雄投降了曹操，曹操还会让我继续当枭雄吗？

　　后来，孙权在鲁肃、周瑜等主战派的支持下与刘备联手共抗曹操，打赢了赤壁之战。

这个故事中，鲁肃之所以不在张昭他们唇枪舌剑的时候发表意见就是看见了孙权的沉默。沉默代表否定，至少代表不同意张昭的意见，因此鲁肃马上把自己的见解往领导的意思上靠，和领导站在一条线上，轻轻松松得到了孙权的信任和重用。

在职场上，学会和领导站在一条线上是成功的关键之一。我们需要站在领导的角度思考问题，与领导保持一致的方向和目标。只有这样，我们才能在职场中脱颖而出，成为领导信任和依赖的得力助手。

做事有条理，再忙也不怕

职场的核心能力之一就是做事有条理。

为什么有些人在处理任务时游刃有余，而有些人却毫无头绪，觉得困难重重？除了个人能力、经验值之外，更多的原因是是否掌握了做事的节奏，是否懂得有效地组织和管理自己的工作。而那些觉得困难重重的人，往往眉毛胡子一把抓，忙得焦头烂额却没有一点成绩。

做事有条理，职场才轻松

职场上，做事要有条理，知道做事的轻重缓急和先后顺序。即使工作再忙，只要我们能保持条理性，就能应对自如，化繁为简。

一位企业家说，他见过两种不同的老板，一种是性急的人，不管你在什么时候遇见他，他都表现得风风火火的样子，没点耐性。如果同他谈话，他只能拿出数分钟的时间，时间长一点他就会伸出手腕把表看了再看，暗示他的时间很紧张。

这样的老板，他公司虽然业务做得很大，但开销更大。究其原因，主要是他在工作安排上毫无秩序，缺乏规则，导致时间紧张，做起事来也常为杂乱的事情拖累。结果就是，他的工作事务一团糟，他的办公桌也乱糟糟。

另外一种老板，与上述那个人恰恰相反。他从来不显出忙碌的样子，做事非常镇静，总是很平静祥和。别人不论有什么难事和他商谈，他总是彬彬有礼。在他的公司里，所有员工都寂静无声地埋头苦干，各样东西安放得有条不紊，各种事务也安排得恰到好处。

这个老板每晚都要整理自己的办公桌，对于重要的信件立即回复，并且把信件整理得井井有条。所以，尽管他经营的规模要大过前面那个老板，但别人从外表上却看不出他有一丝一毫慌乱。

要清楚先做什么后做什么

做事有条理能够帮助我们更好地规划时间和任务。在职场中，我们通常会面临多项任务并行的情况，而每项任务都有其紧急程度和重要程度。如果我们能够事先规划好任务，明确优先级，就能更好地分配时间和精力，确保高效完成每项任务，还能避免遗漏重要任务，减少工作中的失误和疏漏。

做事有条理还有助于我们提高工作效率和质量。当我们条理清晰地处理事务、执行任务时，能够减少不必要的干扰和浪费，集中精力完成核心任务。此外，还能让我们更好地把握工作进度，及时调整计划，确保项目按时完成。

那么，如何在职场中做到做事有条理呢？可以从以下四个方面进行：

第一，制订清晰的工作计划。

在开始工作之前，我们应该先明确任务的目标和要求，然后制订详细的工作计划。工作计划应该包括任务的优先级、时间安排、所需资源等方面，以便我们在执行过程中有所依据。同时，我们还要根据工作进展及时调整计划，确保任务的顺利完成。

第二，养成良好的工作习惯。

在工作中，我们应该养成一些良好的习惯，如定期整理办公桌、及时归档文件、保持工作区域整洁等。这些习惯不仅有助于我们保持良好的工作环境，还能让我们在需要时快速找到所需物品，提高工作效率。

第三，学会使用工具和方法。

在现代职场中，有许多工具和方法可以帮助我们更好地管理任务和时间。例如，我们可以使用待办事项清单来记录任务，使用日程表来安排时间，使用项目管理软件来跟踪项目进度等。这些工具和方法能够帮助我们更好地处理工作，减少遗漏和失误。

第四，保持积极的心态和态度。

面对繁重的工作任务，我们需要保持积极的心态和态度。我们应该相信自己能够应对挑战，相信自己能够完成任务。同时，我们还要学会调整心态，保持冷静和理智，避免在工作中出现焦躁情绪。

情商要高，沟通能力要强

职场中，情商有时可能比智商更重要，沟通能力可能比做事能力强。

在职场这个纷繁复杂的舞台上，情商和沟通能力往往成为影响个人职业发展的重要因素。一个情商高、沟通能力强的人，不仅能够在工作中游刃有余，而且能够赢得他人的尊重和信任，为自己的职业生涯铺就一条宽广的道路。

情商是人际关系处理能力、语言表达能力、逻辑思维能力等的综合表现。就像一场宴席，宴席的好坏不仅体现在菜肴的口味上——智商，还要体现在服务态度、出菜速度上——情商。

没有情商，很难在职场生存

有一则小故事：

老板带小王、小赵和小李三个人出差，事情办得十分顺利，刚好也到了晚饭时间。老板说："咱们晚上庆祝一下，我请大家吃饭，吃西餐还是火锅？"

"吃火锅吧，火锅庆祝再合适不过了。"小王率先回答。

老板又看向小赵，小赵说："吃火锅挺好的，也寓意老板的生意红红火火。"

老板笑了笑，越来越开心，又问小李："小李，你觉得呢？"

没想到小李说道："老板，我们吃西餐吧，我最近长了口腔溃疡，火锅太上火。"

老板顿时尴尬了，原来的喜悦一扫而空。

想要获得高情商，最好做到这几点：

1.主动接触高情商的人。自觉学习他们的优点，才能快速提升自己。2.开阔眼界。多出去走走，多参加一些社交活动，去不同的地方，交各种各样的朋友，体会不一样的风土人情和人生百态，这样才能让心态变得平和。3.学会掌控情绪。这样做能避免激化矛盾，避免不愉快的事情发生。4.突破心理舒适区。不断提升情绪自我调节的能力，在面临心理不适时保持稳定、成熟的心态。

沟通能力往往决定工资的多少

当然，除了情商要高，职场上沟通能力强也是必要的技能。

职场中我们需要与各种人打交道，包括同事、领导、客户等。良好的沟通能力不仅能够帮助我们清晰地表达自己的观点和需求，还能够理解他人的意图和期望，从而达成有效的沟通和合作。

一个沟通能力强的人，能够用简洁明了的语言阐述复杂的问题，用恰当的方式处理冲突和分歧，在沟通中展现自己的专业素养和人格魅力。

沟通的时候，要学会用简洁明了的语言阐述自己的观点和需求，避免使用模糊或复杂的词汇和句子。同时，还要注重语气、声量和语调的控制，让自己的表达更加自然、流畅和自信。

倾听是沟通的基础，因此在沟通中要保持耐心和专注，认真听取他人的意见和建议，理解他人的立场和感受。通过倾听，我们才能更好地把握沟通的核心问题，避免误解和冲突。

有一则经典故事，说明了沟通的重要性：

> 古时候，一个秀才去买柴，他对卖柴人说："荷薪者，过来。"卖柴的人是农民，大字一个不识，当然听不懂"荷薪者"是什么意思，只听懂"过来"两个字，于是就过去了。然后，这个秀才又问："其价如何？"卖柴的人又只听懂"价"这个字，半猜半蒙地说了价钱。紧接着，秀才又说："外实而内虚，烟多而焰少，请损之。"大概意思是说，你的木材外面是干的里面是湿的，燃烧起来就会烟多焰少，能不能便宜点？卖柴的人听了莫名其妙，以为秀才在消遣自己，于是就走了。

由此，我们不难看出沟通能力在职场中的重要性。无论是解决冲突、协调团队，还是与客户沟通，高情商和强大的沟通能力都能使我们在职场中游刃有余。通过学会倾听、注重表达、处理冲突和分歧、不断学习和保持积极心态等方式，我们可以不断提升自己的情商和沟通能力，如此自己的职业生涯才会是通衢大道。

抗压能力要强，不要轻易放弃

总是辞职，多半是因为抗压能力差

当下，"为什么现在的年轻人动不动就辞职"成了热门话题。尤其是很多老板在思考这个问题，多数老板认为是年轻人抗压能力差。

那么在职场中，抗压能力到底是什么？

一本名为《职场弹性：如何在压力中取得成功》的书提到，他们研究了数百个群体，发现抗压能力是动态的，抗压能力是一个人在面对不同压力时是否具备积极调节自己到最佳状态的能力。

书中说："虽然有些人天生比其他人更有抗压能力，但是那些抗压能力较弱的人可以通过学习学会如何应对困境、解决问题以及自我成长。"也就是说，抗压能力可以通过后天努力增强。

同时，他们在调查中发现，员工如果有比较坚韧的性格，那么将有助于他们在压力环境下减轻情绪的波动或在逆境中减少对自身产生的负面影响，他们可以通过改变工作习惯和调整工作策略来适应工作的需要。与此同时，通过养成良好的工作习惯，他们可以降低面对压力的脆弱性和减少逆境带来的影响，并强化发展个人弹性。

培养自身的抗压能力

在职场这条充满挑战与机遇的道路上，抗压能力无疑是一项至关重要的能力。面对工作中的重重压力，只有那些坚韧不拔、绝不轻易放弃的人，才能在职场中脱颖而出，成就一番事业。因此，一个打工人培养自己的职场抗压能力尤为重要，以下是五点建议：

第一，树立正确的心态。

面对压力时，我们要保持积极、乐观的心态，相信自己能够克服困难，战胜挑战。同时，我们还要学会接受压力的存在，将其视为成长和进步的机会，而不是逃避或抱怨的对象。

第二，明确合理的目标和计划。

在工作中，我们要根据自己的实际情况和能力水平，制订切实可行的目标和计划。避免过高或过低的期望，以免给自己带来过大的压力。同时，我们还要学会将长期目标分解为短期目标，逐步推进，保持前进的动力。

第三，学会有效的时间管理和自我调节。

时间是有限的资源，我们要合理安排工作时间，提高工作效率。在面对压力时，我们要学会自我调节，通过运动、休息、娱乐等方式缓解压力，保持身心健康。此外，我们还要学会寻求他人的帮助和支持，与同事、朋友或家人分享自己的困扰和压力，共同寻找解决问题的方法。

第四，培养自己的韧性和毅力。

在职场中，我们会遇到许多困难和挫折，但正是这些经历锻炼了我们的韧性和毅力。我们要学会从失败中汲取教训，总结经验，不断调整自己的策略和方法。同时，我们还要保持坚定的信念，相信自己能够战胜一切困难，实现自己的目标。

第五，持续学习和提升自己的能力。

职场是一个不断变化的环境，我们需要不断学习新知识、新技能，以适应不断变化的工作需求。通过提升自己的能力和素质，我们可以更好地应对工作中的挑战和压力，增强自己的自信心和抗压能力。

今天的社会，人与人打交道的时间越来越多，而有人的地方就难免产生矛盾，有了矛盾就会有压力。因此职场抗压能力是一项重要的能力，它关乎我们的职业发展和事业成功。本事再大，"玻璃心"一碎，一切清零。当一个人能够扛住压力，以主动的姿态面对问题，并能够将被动的局面巧妙扭转之时，人生就上了一个新台阶。

与其抱怨，不如实干

职场生存秘诀之一是：闭上抱怨的嘴、迈开工作的腿！

身为职场中人，我们不难听到一些抱怨话：客户太小气了；上班无趣，公司不好，管理不善，氛围糟糕；工资少，福利少，任务重，压力大，经常加班；老板没有指示，我不知道怎么办呀；这个事情不归我负责，为什么没有人来协调这个事情呢……

但是，抱怨并不能改变现状，该干的事我们还是要干，该做的任务一样也不会少。抱怨只会带来负面影响，甚至过度的抱怨还会让我们陷入消极情绪中，影响工作效率和人际关系。这样不仅无法解决问题，反而会让问题变得更加复杂。

如果我们不抱怨，保持积极心态，选择迈开工作的腿，就能正视问题，通过明确目标、培养执行力和自律性、与他人合作以及勇于创新等方式，积极寻找解决方案，那么成功的机会将大大增加。

越抱怨事情越糟

一位学者说："有所作为是生活中的最高境界。而抱怨则是无所作为，是逃避责任，是放弃义务，是自甘沉沦。"不论我们遭遇的是什么境况，光是喋喋不休地抱怨于事无补，还会把事情弄得更糟，而这绝不是我们的初衷。

　　有一个小公司的老板，一直想找一个能干一番大事业的机会。每天早晨他一起来，就希望自己今天能够得到一个好机会。然而，好长时间过去了，他认为的机会并没有出现。对此，他抱怨不已，认为自己有干大事业的本事，却没有干大事业的机会。

　　有一天，他遇到一位成功的商人，机缘巧合下两人谈论了很多。商人清楚这位老板的情况后，说："你每天的大部分时间不是研究市场，而是抱怨，就是真正来了一个机会你也抓不住啊！"

　　商人接着说："你为什么一定要把自己的希望、自己未来的奋斗目标寄托在那些自己一无所知的行业上呢？为什么不能在自己相对熟悉的行业干出一番大事业呢？"

　　老板听了后，下决心改变自己以前的那种怨天尤人的心态，于是他从自己的小公司本本分分做起。他尝试着把自己之前认为一无是处的事业当作一件极为感兴趣的事情来做，用发自内心的热情告诉别人他公司产品的优点，生意越来越好。

　　"如果客户打电话来买产品，我一定会一面接电话，一面举手示意，就像他就在面前似的，并大声地回答说：'好的，何经理，2000件新产品，3000套配件，还要别的吗？何经理，今天天气很好，不是吗？还有……'"成功后的老板如此向别人介绍他的经验。

　　最后他说："如果你放下了抱怨，选择了实干，那么机会不久便会站在你的门口。"

如何积极实干

如何摒弃抱怨，积极实干呢？以下是一些建议：

1.正视问题，积极寻找解决方案。

当我们在职场中遇到问题时，首先要做的不是抱怨，而是正视问题并尝试找到解决方案。我们可以通过分析问题的原因和影响，寻找合适的解决方案，或者向同事、领导请教，共同解决问题。只有积极面对问题，我们才能不断进步，提高自己的能力。

2.制订明确的目标和计划。

在职场中，我们需要有明确的目标和计划，才能更好地实现自己的职业发展。我们可以根据自己的职业规划和实际情况，制订短期和长期的目标，并制订相应的计划。通过制订目标和计划，我们可以更有针对性地去实干，避免在抱怨中浪费时间。

3.保持积极的心态和态度。

在职场中，我们需要保持积极的心态和态度，才能更好地应对挑战和困难。我们可以从正面去看待问题，相信自己有能力解决问题，并积极寻求发展机会。同时，我们还要学会调整自己的情绪，保持平和的心态，避免被负面情绪所影响。

4.培养自己的执行力和自律性。

实干精神的核心在于执行力和自律性。我们需要将计划付诸行动，并持之以恒地坚持下去。无论遇到多大的困难和挑战，我们都要保持坚定的信念和决心，勇往直前。同时，我们还要学会自我管理，保持高效的工作状态，不断提升自己的工作效率和质量。

5.与他人建立良好的合作关系。

在职场中，我们需要与各种人打交道，因此良好的人际关系对于工作的开展至关重要。我们应该积极与同事建立良好的合作关系，互相帮助、支持和鼓励。通过团队协作，我们可以更好地发挥个人的优势，共同解决问题，实现共同的目标。

不在背后说别人坏话

网络上职场热门话题之一是：职场上哪些行为容易得罪人，你中枪了吗？其中一种行为就是：在背后说别人坏话。

职场中，在背后议论他人是免不了的事，但有些人会说些坏话。这就体现了一个人的个人素质和修养。无论是出于嫉妒、不满还是其他什么原因，在职场上传播他人的负面信息都是不对的，是极其不明智的。

没有不透风的墙

职场中的信息传播速度极快，人与人之间很少能交心，假如你在背后说人坏话，往往很快对方就知道了。这样不仅容易破坏人际关系，还可能给自己带来负面影响。

往大点说，背后说人坏话可能会损害团队的凝聚力，影响工作效率，甚至可能会影响职业生涯的发展。往小了说，会破坏感情，有损个人形象，让公司的同事疏远你。因此，我们应该坚决摒弃背后说人坏话的行为，以维护良好的人际关系和个人形象。

春秋时期，齐威王是一个很有作为的大王。公元前356年，他上台不久，就着手整顿吏治、广开言路，向左右了解地方官吏的政绩。大家纷纷称赞一位叫阿城的大夫是贤臣君子，很有能力；谈到即墨大夫，大家都认为此人资质平庸，担当不了重任。

不过，聪明的齐威王觉得事有蹊跷，因为众人过于众口一词了。于是，齐威王决定眼见为实，亲自深入两地明察暗访。

谁知老百姓的说法与大臣们的说法截然相反。即墨大夫的管辖地盘田产丰厚，人民安居乐业、富足殷实，而阿城大夫管理的地盘却是田野凋敝、人民贫苦。

齐威王更加深入调查，最终了解到背后缘故：即墨大夫为人刚正不阿，一心为民办事，不善结交自己的左右近臣，所以大臣们都在背后说即墨大夫的谗言和坏话。而阿城大夫则贿赂左右，巴结堂上大臣，因此大家都说阿城大夫是好官。

知道实情后，齐威王就把各地官吏召集过来，当着大家的面对确有政绩的即墨大夫"封之万家"，而严惩了阿城大夫及那些因受了贿赂而背后进谗言、颠倒黑白的大臣。

谈论旁人时，要做到实事求是

也许有人会说：在职场和生活中，总是不可避免要在背后谈论别人，该怎么做呢？

1.保持客观公正的态度。

在谈及他人时，我们应该尽量做到客观公正，避免因为个人情感或偏见而做出不恰当的评价。我们应该关注他人的优点和长处，而不是紧盯着缺点和不足。同时，我们也要学会换位思考，理解他人的处境和难处，给予他们足够的尊重和理解。

2.当面沟通解决问题。

如果我们对某人有意见或不满，最好的方式是当面沟通，坦诚地表达自己的看法和感受。这样不仅可以避免误会和猜疑，还可以增进彼此的了解和信任。当然，在沟通时我们要注意语气和方式，避免伤害对方的感情。

3.保持积极的心态和言行。

在职场和生活中，我们应该保持积极的心态和言行，用正面的能量去影响他人。当我们看到他人的优点和进步时，不妨给予赞美和鼓励；当他人遇到困难时，我们可以伸出援手提供帮助。这样不仅能够营造和谐的氛围，还能够提升我们自己的幸福感和成就感。

4.培养自己的修养和品德。

一个人的修养和品德往往决定了他的言行举止。因此，我们应该注重培养自己的修养和品德，做到言行一致、表里如一。我们可以通过阅读、学习、反思等方式来提升自己的道德水平和人格魅力，从而更好地践行不背后说人坏话的原则。

说领导坏话是第一大忌

在职场上，"不要背后说别人坏话"的"别人"尤其包括领导。有人可能是酒后吐真言，有人是对领导不满，还有的人是跟风、从众，看到别人都说人坏话，自己不说两句显得不合群。可无论哪种情况，只要是说了领导坏话，第二天没准领导就会知道，这会影响你在公司的发展。

职场混得好的人从来不背后说领导坏话，相反他们会称赞领导，说领导一天天多忙，说领导的决策拯救了公司……表面上他是在跟你闲谈，随口一说。其实是，哪怕只有一句传到领导耳朵里，他能得到的机会总要比其他人多。

　　总之，我们要时刻提醒自己，职场和生活中的每一个言行都可能成为他人评价我们的依据。因此，我们应该时刻保持谨慎和自律，不轻易发表对他人的负面评价。同时，我们也要学会倾听和尊重他人的意见，以开放的心态接纳不同的声音和观点。

学会为领导分忧解难，建言献策

替上司分忧解难

崔崔是某公司人称"魔鬼销售女王"的芳姐的助理，而芳姐则是销售一部经理，业绩一直名列前茅。崔崔在芳姐手下办事，不敢有一丝马虎，生怕出错，同时她也并不满足于此，总是努力寻找提升自己业绩的新途径。

有一次，公司遭遇了一起严重的客户投诉事件，芳姐也为此焦头烂额。崔崔得知情况后，主动提出帮芳姐处理此事。

芳姐抱着试一试的态度答应了，没承想，崔崔经过深入调查了解事情的来龙去脉后，积极与客户沟通协商，最终成功化解了这场危机。因此，崔崔成了芳姐的核心下属，职位、业绩都得到提升。

一个受欢迎的职员，对于上司考虑全面的解决方案，会严格按照其布置去办，使上司放心。对于上司考虑不周的解决方案，他们一定会积极开动脑筋把事情做圆满些，使上司省心。

这类上司考虑不周的问题，即使做得不够好，领导也不会说什么，因为这并非你造成的。若还能帮领导解决一部分困难，或者给了领导一个灵感，这些就是能让领导赏识你的细节，你就会被领导重视。如果你能干得漂亮，那么领导一定会赏识你，自身的能力也会被认可。

对一个员工来说，为上司分忧解难，这是下属天经地义应做的事情。上司在很大程度上代表着公司的整体利益，为上司分忧解难，在某种程度上也是忠诚于事业、忠诚于整体利益。

领导往往承担着更大的压力和责任，他们需要关注整体战略、协调各方资源、解决复杂问题。而作为员工，我们可以通过关注工作细节、主动承担责任、积极解决问题等方式，为领导分担一部分压力。这不仅能够让领导更加专注于核心工作，还能够提升整个团队的工作效率和质量。

分忧解难也能展示实力

　　卡内基曾经担任过铁道公司小职员。一天早晨，卡内基在上班的途中看到了一场车祸，事故地点发生在城外，情况危急。但是这个时间其他人还没有来上班，一时间他感到手足无措，打电话给上司却联络不上。

　　卡内基万分焦急，在这种危急的情况下，多耽搁一分钟都会给铁道公司带来巨大的损失。尽管负责人还没有来，但是卡内基也不愿意眼睁睁地袖手旁观。

　　于是，他以上司的名义发了一封电报给列车长，要求他根据自己的方案快速处理这件事情，并且在电报上签下了自己的名字。卡内基知道自己的这种做法严重违反了公司的规定，势必会受到严厉的惩罚，甚至可能被辞退。

　　过了几个小时，上司终于来到了办公室，他发现了卡内基留下的辞呈以及今天发生事故的详细处理报告。过了两天，上司始终没有批准卡内基的辞职请求。卡内基感到很疑惑，他以为上司没有看到自己的辞职请求，于是，在第三天的时候，他亲自跑去上司那里说明了原委。

结果却出乎他的意料。上司说："小伙子，其实你的辞呈我早看到了，但是我觉得没有辞退你的必要。因为你是一个具有优秀职业精神的员工。你的所作所为证明了你是一个主动做事的人，因此对于这样的员工我没有理由也没有意愿辞退。"

上司不但没有责怪卡内基的意思，反而表扬了他。在这件事情中，卡内基虽然擅自做主，但是在非常时刻采取了非常方法，他的这种做法其实是在为自己的老板分忧解愁。他不仅帮领导解决了麻烦，让领导舒心，还让领导看到了自己的能力，从而一步步走上人生巅峰。

学习的愿望要强烈

终身学习

公元200年，曹操率军攻下下邳城，高兴之余，下令给手下的将领们分金银财宝。将领们欢呼雀跃，争先恐后地带着大小车辆进城。

袁涣也带着车子进了城，但是他去的地方与其他人不同。其他人都是去争抢金银财宝，而他却带人进了藏书阁，一摞摞地往车上搬书，足足装了几百册。装完书，他才去装了点粮食，至于金银财宝，分文未取。

有人不解地问他："你放着那么多值钱的东西不要，为什么只拿些没用的书和粮食呢？"

袁涣回答："拿粮食是为了做行军的口粮，至于书，是因为我自己喜欢。在我看来，再多的金银财宝，也比不上满腹的学问。"

袁涣爱看书学习，因此学问越来越大，职位越做越高，得到的赏赐也越来越多。

在职场这片广阔天地中，每一个人都如同一颗种子，渴望在沃土中生根发芽，茁壮成长。然而，仅有种子的存在是远远不够的，更需要强烈的学习能力和意愿，去汲取知识的养分。如此我们才能迎接风雨的洗礼，才能在职场中立足，实现自己的价值。

学习能力，是我们在职场中不断进步、不断超越自我的关键。它如同一把锋利的剑，助我们披荆斩棘、勇往直前。俗话说："学如逆水行舟，不进则退。"在职场上，我们必须时刻保持强烈的学习能力和意愿，才能不被时代的洪流所淘汰。

孔子一生致力于学习和传播知识，即使到了晚年，仍然手不释卷，不断追求真理。正是因为他的这种精神，才使得儒家思想得以流传千古，影响深远。

发明大王爱迪生，一生发明了众多改变世界的物品，而这背后是他无数次的试验和失败，是他对知识的渴望和对创新的追求。这些事例都告诉我们，只有拥有强烈的学习能力和意愿，才能在各自的领域中取得卓越的成就。

学习能够提高工资

普通员工孙静在一家小公司干了一段时间后，发现自己的能力完全没有得到发挥，领导一点儿都不重视自己，于是很不满意这份工作。

星期天和朋友出去吃饭的时候，她气愤地向朋友发牢骚："还是大公司好，这么干下去真没有意思！简直是在浪费时间，领导一点儿都不重视我，我待下去还有什么用？不如辞职算了！明天就不干！"

朋友笑了笑，问她："你把你的工作完全弄明白了吗？你公司是制作广告的，流程你弄明白了吗？"

孙静想了想，支支吾吾："嗯……嗯，大部分我……"

朋友继续说道："我建议你把广告流程和公司组织完全弄懂，甚至连怎么修理打印机的小故障都要学会，然后再辞职。"

看着孙静一脸不解的表情，她的朋友又说道："不管什么公司，都是我们学习和成长的地方，而且还是免费的，你把很多东西弄明白了之后，再一走了之，不是既出了气，又能学到东西吗？"

孙静觉得朋友说的话很有道理，于是接受了这个建议。从此，她便开始一点点专心地去学习，有时碰上不明白的问题，也会向公司里的前辈问个清楚。

一年后，孙静又和她的朋友坐在一起吃饭，这回她的朋友问她："现在你还要跳槽吗？"

孙静尴尬地笑着说："你不说我都忘了辞职的事。你不知道，这一年来，领导开始关注我了，一直不断提升我的职位，工资和奖金也都上来了，我现在在公司里特别有干劲儿！"

她的朋友笑着说："我早就猜到会是这样！当初刚入职的时候，虽然你有工作经验，但是每个公司都不一样，你领导没有重视你，大概是公司里比你有能力的多的是。后来你认真学习了，能力和水平都上来了，他当然会注意到你了。"

职场如战场，每时每刻技术都在日新月异地变革，市场环境也在更新迭代，因此我们只有不断学习新知识、新技能，才能适应不断变化的工作需求。同时，学习还可以让我们保持对未知领域的好奇心和探索精神，让我们勇于尝试新事物，挑战自我。只有如此，我们才能在激烈的竞争中脱颖而出，成为职场中的佼佼者。

搞好人际关系，薪资将会越来越高

职场上，搞好人际关系，胜过三年埋头苦干。

你一定听过这句话："钱，根本不是挣来的。"这句话的意思是说，钱只是一种让社会资源流通的工具，也是一种价值的体现。

简单来说，就是你帮别人解决了问题，获得金钱作为回报。而解决事、做好事的能力，又取决于你的社交圈，以及你认识多少有能量的人。

社交能力也是工作能力的一部分

领导有一个项目交给下属完成。甲工作能力强，每天累死累活地苦干可以完成。而乙呢，除了完成自己必需的部分，又通过人际关系来让不同人完成项目的各部分，不仅效率快，还完成得漂亮。这两种员工让你选择，你会选择谁？相信大多数人会选择乙。

一个人的社交圈越广，认识的人越多，他的能量自然就越大，完成事情就越轻松，工资自然越高。工作能力是一名员工的必备素质，但一个人再优秀，精力总是有限的，再努力，能做的事就那么点。当我们与同事、上司、客户等建立良好的关系时，他们会更愿意与我们合作，更愿意为我们提供机会和资源。

约翰和哈里两个年轻人，同时进入一家蔬菜贸易公司。

三个月后，哈里很不高兴地走到总经理办公室，抱怨说："我和约翰同时来到公司，现在约翰的薪水已经增加了一倍，职位也上升到了部门主管。而我每天勤勤恳恳地工作，从来没有迟到早退过，对上司交代的任务总是按时按量地完成，从来没有拖沓过，可是为什么我的薪水一点没有增加，职位依然是公司的普通职员呢？"

总经理没有马上回答哈里的问题，而是意味深长地对他说："这样吧，公司现在打算订一批土豆，你先去看一下哪里有卖的，回来后我再回答你的问题。"

于是，哈里走出总经理办公室，找卖土豆的蔬菜市场去了。半个小时后，哈里急匆匆地来到总经理办公室，说："20公里外的蔬菜批发中心有土豆卖。经理，事情办完了，现在你可以告诉我原因了吧？"

总经理笑着说："别急。一共有几家卖土豆的？"

哈里挠了挠头说："这……我刚才只看到有卖的，没看到有几家……您稍等一会儿，我再去看一下！"说完就匆匆地跑出去了。

20分钟后，哈里喘着粗气再次跑到总经理办公室汇报："经理，一共有三家卖土豆的。"

总经理又问他："它们的价格是多少？三家的价格都一样吗？"

哈里愣了一下，又挠着头说："您再等一会儿，我还要再去问一下。"说完就要向外跑。

总经理却叫住他："你不用再去了，我们来看看约翰怎么做的吧。"

等约翰来了，经理说明事情的原委，约翰马上说："没问题，我马上办。"于是拿出手机就开始打电话。

"你好，乔治。哈哈，老朋友，好久不见。呃，确实有点事，请问你这边有土豆可以预订吗？……好的，谢谢你，改天一起吃顿饭……"

不到5分钟，约翰就放下手机向经理汇报："20公里外的蔬菜批发中心有三家卖土豆的，其中两家都是1美元一斤，只有一家卖的是0.80美元一斤。我的朋友说那一家的土豆质量没有问题，而且如果我们需要很多的话，价格还可以更优惠一些。"

总经理笑着说："谢谢你，约翰。你办得很好！"于是，约翰就出去了。

总经理看着还在办公室里的哈里，笑着说："你都看到了吧！如果你是我，你会给谁加薪晋职呢？"哈里惭愧地低下了头。

社交圈越大，职场越轻松

哈佛商学院做的一项调查显示，26%的成功人士依赖的是自己的工作能力，5%依赖的是家庭背景，而69%依赖的是人际关系。所以说，个人能量的大小和成功与否，与人际关系密不可分，社交是事业成功的前提，而事业成功的概率也与社交圈的规模大小有关。

良好的人际关系有助于我们建立更广泛的人脉网络。人脉网络是职场中非常重要的一种资源，它可以帮助我们获取更多的信息、机会和资源。当我们拥有广泛的人脉网络时，我们就能够更快速地了解市场动态和行业趋势，更准确地把握职业发展的方向，从而才能实现事业的进步。

第十章

有礼有节，一路畅通

聊聊对方得意的事

每个人都有被他人称赞的需求，因此被称赞能让人得到一种心理上的满足。与人沟通时，人们总喜欢提及自己得意的事，因为那些事情可以带给他们快乐。

在人际交往中，我们常常寻求着一种能够迅速拉近彼此距离、建立深厚情感纽带的秘诀。而在这个过程中，一个简单却有效的方法常常被我们所忽视，那就是聊聊对方得意的事。

聊聊对方得意的事，是对他人的一种尊重和认可。每个人都有自己的骄傲和自豪，那些曾经的辉煌、付出的努力以及取得的成就，都是他们内心深处最为珍视的宝藏。

当我们主动提及这些话题，倾听他们讲述那些充满激情与荣耀的时刻，我们实际上是在向他们传递一个信息：你的价值被我看到了，你的努力被我认可了。这种尊重和认可，对于建立信任、增进友谊有着不可替代的作用。

一位富商为本地捐款建造音乐堂、纪念馆和戏院，因此许多座椅的销售商都希望能够承接这批建筑物内的座椅生意。然而，找富商谈合作的人无一例外全部被拒绝。

　　优美座位公司的经理小张也知道其他座椅销售商铩羽而归的事情，但他还是信心十足地去见富商。

　　秘书告诉小张说："我知道您想要谈成这笔生意，但我现在要告诉您，若您占了先生5分钟以上的时间，您就没希望了。您要知道他是一个多么忙的人，所以，希望您进去后赶快说明来意。"

　　小张谢过秘书的忠告，进了富商的办公室。他看见富商正埋头整理桌上的一堆文件，就没有着急向富商打招呼，而是静静地站在那里。同时，他开始仔细打量起这间办公室来。

　　过了一会儿，富商发现了小张，有些不满地问："这位先生有何见教？"

　　小张说："您好，先生，我是优美座位公司的经理。抱歉先生，我实在忍不住想说一句，刚刚我仔细地观察了您这间办公室，我从来没见过装修得这么精致的办公室。"

　　富商笑起来，说："不好意思让您久等了。这间办公室是我亲自设计的，当初刚建好的时候，我喜欢极了。但是后来一忙，一连几个星期我都没有机会仔细欣赏一下这个房间。"

　　小张走到墙边，用手擦了擦木板，说："我想这应该是英国产的橡木，意大利的橡木质地不是这样的。"

　　"是的，"富商高兴得站起来，"那是从英国进口的橡木，是我的一位专门研究室内橡木的朋友专程去英国为我订的货。"

　　显然，富商的心情一百八十度大转弯。富商带着小张仔细地参观起办公室来，他把办公室内所有的装饰一件件地向小张介绍，从木料谈到尺寸，又从尺寸谈到颜色，从颜色谈到手艺，从手艺说到价格。

　　这个过程中小张微笑着，饶有兴致地听着。

　　"先生，您的设计思路太完美了，让我好奇的是，是什么促使您有这样的思路的呢？"小张问。

　　富商便兴致勃勃地说起了自己的设计思路。

　　接着，小张又问起富商的经历。谈兴正浓的富商便开始讲述自己苦难的青少年生活……听完后小张赞叹不已，又由衷地赞扬富商。

　　他们的谈话远远超过了5分钟，都超过一个小时了。

　　一个小时后，富商说："上次我去日本的时候，买了几张椅子，放在我家的走廊里，由于日晒都脱了漆。昨天我上街买了油漆，打算把它们重新刷漆。您有兴趣看看我的油漆表演吗？"

　　小张表示荣幸之至。于是，他去到了富商家，富商将小张留在家里，一起吃午饭。

　　午饭过后，小张帮着富商把椅子漆好，直到告别，两人都未谈及生意。但是不久之后，小张就得到了订单，而他与富商也结下了很深的友谊。

小张之所以能够赢得富商的订单和友谊，并不是因为他的口才有多么好，而是因为他懂得人情世故，了解人的心理，善于聊一些对方得意之事。平常人谈合作，巴不得一见面就说自己多么多么好，自己的产品多么多么优质，显然小张并没有这么做，他从富商的办公室入手，开始聊富商的得意之事，巧妙地赞扬了富商，使富商的自尊心得到了极大的满足，把他视为知己。因此小张赢得了商战的胜利。

　　跟对方聊他的得意事，能促进双方之间的深入了解。当我们开始关注对方的成就和经历，我们自然而然地会想要了解更多关于他们的故事和想法。这种深入的交流不仅能够增进我们之间的了解，更能够在共同的话题中找到共鸣和连接点。而这种共鸣和连接点，正是建立稳固人际关系的基石。通过聊聊对方得意的事，我们能够在轻松愉快的氛围中拉近彼此的距离，建立起深厚的友谊和信任，打通人际关系。

做事要先礼后兵

三国时期，刘备向吴国借得了荆州之地，以作为暂时安顿之所，之后留关羽守江陵。吴国鲁肃的辖地与关羽相邻，其间关羽多次产生疑虑，但鲁肃经常以友好的态度使他安心。

刘备得到新领土益州后，孙权马上派中司马诸葛瑾向刘备讨取荆州各郡。刘备不同意，说："我还要准备夺取凉州，拿下凉州后，才能把荆州全部给你们。"孙权明白了，说："这是有借无还，不过是找借口拖延时间罢了。"强行任命了荆州的长沙、零陵、桂阳三郡的地方长官。但关羽将吴官全部驱逐出境。孙权勃然大怒，因此派吕蒙率兵两万夺取三郡。

人际关系中，先礼后兵才能以德服人。有手腕的人，往往在法律、道德允许的情况下，与人方便，以礼待人，而后才会"刀兵相向"。

"先礼"，把利益最大化

通过和平的方式解决问题，有助于我们建立良好的人际关系，更能够提升我们的综合素质，让我们在人生的道路上更加从容和坚定。

如果事情能"先礼"就能办到，就没必要"后兵"。因为"后兵"是有风险的——即使你的失败概率只有0.1%，它也有可能失败，不是吗？

中国人自古讲究不怕一万，只怕万一。做生意我们原本的目的是求利，相比能获得全部的利益来说，失和，意味着我们必须付出一点损失。而且大家撕破脸皮，合作伙伴就此中止，你损失了生意，还需要花更多的时间、精力去开发另一条合作渠道。

"后兵"，切忌情绪化

当然，和平手段并非万能，面对一些顽固不化、无理取闹的人或比较棘手的事时，我们可能会采取更为强硬的措施来维护自己的权益和尊严。但是这时要明白，我们的目标是获得利益，当利益拿到手时就要马上撤退以求事态的平息，切忌情绪化。因为凡事情绪化，只能让我们得不偿失。

《孙子兵法》说："将有五危：必死，可杀也；必生，可虏也；忿速，可侮也；廉洁，可辱也；爱民，可烦也。凡此五者，将之过也，用兵之灾也。"意思是说，一位主帅，如果蛮干死拼，贪生怕死，急躁易怒，沽名钓誉，爱民过甚，都有可能给自己的军队带来毁灭性的打击。这表达的就是无论是将军还是领导，如果人不能掌控好自己的情绪，就一定会败下阵来。

　　三国时期，关云长失守荆州，败走麦城被杀，此事激怒刘备，遂起兵攻打东吴。众臣全部劝谏。

　　赵云说："国贼是曹操，非孙权也。且先灭魏，则吴自服，操身虽毙，子丕篡盗，当因众心，早图关中……不应置魏，先与吴战。

兵势一交，不得卒解也。"

　　诸葛亮也上表劝谏说："臣亮等窃以吴贼逞奸诡之计，致荆州有覆亡之祸；陨将星于斗牛，折天柱于楚地，此情哀痛，诚不可忘。但念迁汉鼎者，罪由曹操；移刘祚者，过非孙权。窃谓魏贼若除，则吴自宾服。愿陛下纳秦宓金石之言，以养士卒之力，别作良图，则社稷幸甚！天下幸甚！"

　　但刘备铁了心了，一概不听，把劝谏表掷于地上，说："朕意已决，无得再谏。"执意起大军东征，在公元221年亲率大军四万东下。次年，自巫峡连营至夷陵（今湖北宜昌东南），并得到武陵蛮的支援，声势浩大。

　　但吴国大将陆逊避其锋芒，坚守不出，等到了盛夏才趁蜀军疲惫，在猇亭（今湖北宜昌东南）纵火猛攻，大破蜀军四十余营。刘备舟船器械尽失、水步军资尽失，狼狈逃至白帝城（今重庆奉节东北），公元223年病死。

总而言之，先礼后兵不仅是一种处世之道，更是一种人生态度。它告诉我们，在面对人生的种种挑战和冲突时，我们应该保持冷静、理智和尊重，通过和平的方式解决问题；当和平手段无法奏效时，我们也要有足够的勇气和智慧去采取必要的措施。这种态度不仅有助于我们化解矛盾、解决问题，更能够提升我们的心理素质和应对能力，让我们在人生的道路上更加从容和坚定。

称呼也是一门大学问

每年春节，我们的微信朋友圈里，总会有人转这样一条微信：这几天，写字楼里的Linda、Mary、Vivian、George、Michael、Justin挤上火车，陆陆续续回到铁岭，回到福建，回到河南，回到广西，名字又变成了桂芳、翠花、秀兰、大强、二饼、狗蛋。或者内容是：这几天，各地的小李、小张、小王、小赵、小钱挤上火车，陆陆续续回到家乡，名字又变成了李处、张处、王处、赵处、钱处……

摒弃这些内容的逗笑、调侃意义不谈，它告诉我们称呼也是一门大学问。

把名字叫对，事情其实就成功了一半

在人际交往中，称呼是彼此沟通的起点。正确、恰当的称呼能够迅速拉近人与人之间的距离，为后续的交流和合作奠定良好的基础。

例如，一大桌陌生人坐下来吃饭，有手腕的人往往能迅速记住每一位的姓名、职务，从而侃侃而谈，结交很多新朋友，拉近很多关系，增加合作的机会。而我们大多数人，只能按性别或年龄划分，称呼对方为先生或女士，仅仅是做到了一般的礼节，别人也不会注意到你。

此外，称呼的改变还意味着人际关系的改变。在单位里，员工之间的称呼方式往往不是随意的，而是基于一定的社会规范和人际关系考虑。一般来说，领导对下属的称呼有三种："小刘""小杨"这类，使用全名，使用小名或开玩笑的方式。这三种称呼方式分别对应了人际关系的三个层次：关系浅、关系一般和关系亲密。

孙美是名校毕业生，满怀憧憬地加入了当地一家知名公司，担任起总经理助理的职务。她信心满满，期待在这个新的舞台上，用自己的才华和汗水书写新的篇章。

入职后，领导习惯地称呼她为"小孙"。这个称呼，对名牌大学且心有抱负的孙美来说，有一种难以言表的落差感。但她没有抱怨，而是更加努力地适应新的工作环境，努力学习。遇到问题的时候，主动向老员工请教，丝毫不掩饰自己的无知。这样的态度，让她在短时间内就获得了快速的成长。

有一次，孙美被分配了一个具有挑战性的项目。她怀着"初生牛犊不怕虎"的心态迎难而上，出色地完成了任务。大会上，领导郑重地赞扬孙美说："这个项目的成功，多亏了孙美。"此刻，她不再是"小孙"。

这个细节的转变，就像是一个信号，标志着孙美在领导心中的地位已经开始发生了变化。会后不久，领导又将一个重要项目交给了孙美。她深知这是领导对她的信任和考验。于是她更加努力，经过几个月的艰苦奋斗，再次证明了自己的能力。

庆功宴上，领导一个劲儿地称赞孙美，说到高兴处还直接叫她"阿美"，孙美和领导的关系因此更近了。

称呼也有原则

称呼别人有很多原则需要我们注意，但最重要的是以下四种：

第一，尊重原则。尊重是称呼的基本原则。无论对方的身份、地位如何，我们都应该给予对方应有的尊重。在称呼时，要避免使用带有侮辱、歧视或贬低的言辞，以免伤害对方的感情和自尊。

第二，准确原则。称呼要准确反映对方的身份、职务或关系。在了解对方的基本情况后，我们要根据这些信息来确定合适的称呼。例如，对于职位较高的人，我们可以使用"某某总""某某经理"等称呼；对于朋友或同事，则可以使用更为亲切的称呼，如"小王""李哥"等。

第三，得体原则。称呼要符合社交礼仪和文化传统。在不同的场合和文化背景下，称呼的方式和用语也会有所不同。我们要根据具体的社交环境来选择得体的称呼，以体现自己的教养和素质。

第四，灵活原则。称呼要根据实际情况进行灵活调整。在人际交往中，我们会遇到各种各样的人和情境，因此不能一成不变地使用某种称呼。我们要根据对方的反应和场合的变化来及时调整自己的称呼方式，以确保交流的顺利进行。

施恩不图报，方显大格局

施恩不求报，是一种善良。

既然你准备施恩，就不要心想着回报。否则就是忘了初心，既想博个施恩的好名声，又想不受损失。而且一味追求回报，往往会忽略对方的感受，即使是善行，也有可能给他人造成伤害。

但行好事，莫问前程

春秋时期，天灾人祸不断。有一年，齐国闹起了饥荒，老百姓吃不上饭，很多人被饿死。有个名叫黔敖的人，为了博得好名声，就去路上分发食物给灾民。

黔敖生怕别人不知道他在"做好事"，故意对着行人大声叫嚷："不要钱的食物啊！快来吃吧！"谁知，路上没有一个人愿意搭理他。

好不容易有位灾民经过，黔敖一把将人拦住，用一种高高在上的语气对那个灾民说："喂，叫你呢！过来吃！"

他本以为灾民会对他感恩戴德，磕头拜谢，谁知灾民瞪了他一眼，说："我宁可饿死，也不会吃！"

但行好事，莫问前程。当你准备给出好心的那一刻，你就要明白你的好心不一定会换来好报，世界上不是所有人都是好心的。你给出好心，只是在做自己认为对的事，求得自己内心的一份善良。

纯善的人就像自然界中的水一样，造福万物、滋润大地，却不争高下、不求回报，最终成就了博大的江海。

韩信在穷困潦倒之时，曾受到一位漂母的帮助，她无私地给予韩信食物，让他得以渡过难关。后来，韩信功成名就，成为一代名将，但他并没有忘记漂母的恩情。他找到漂母，给予她丰厚的回报。然而，漂母却婉言谢绝，她说："我当初帮助你，并不是为了图你日后的回报，而是出于同情和善良。你如今已经功成名就，我为你感到高兴，但并不需要你的回报。"

不求回报方能得到最大的回报

一次，佛陀与弟子福楼那去迦尸国。在恒河摆渡时，遇见一个老太太。她正在河中沐浴祈祷。就在她将鲜花撒在一片宽大的树叶上，并准备点燃花瓣中间的油灯时，一个浪打来，祭品被打翻，人也被推到河里。浪涛翻滚，河水迅速把她向下游冲去。

福楼那看到这种情景，立即调转船头，把老太太救了上来。上岸之后，按理说老太太该说一声谢谢。谁知她不仅一句话没有，而且连正眼都没有看他们，甚至一上岸就又下到恒河里，嘴里念着咒语，继续着她的祈福仪式。

路上，福楼那说："有些人只顾祈求神灵的护佑，而忘了人间的恩典。"

　　佛陀明白他说这话的意思，说："施恩不求报，予人不追悔。"

　　福楼那说："她总该说一声谢谢吧？"

　　佛陀说："行了善，种了福田。不要想着在行善那一刻就得到回报。播种和收获从来都不在一个季节。"

　　在帮助别人的同时，想着别人如何回报自己，那就与放债谋利无异了，因此，有手腕的人常是施恩不图报。他们追求纯粹的助人为乐，满足于自己的善良心，对于自己的好心不记挂在内心，也不应对外宣扬。

　　但老天是公平的，正是他们常怀这种想法，所以那些被他们帮助过的人，往往在意料之外的时刻反过来帮助他们。

要雪中送炭，不要落井下石

平心而论，这世上锦上添花者多，雪中送炭者少。

《增广贤文》说："贫居闹市无人问，富在深山有远亲；有酒有肉多兄弟，急难何曾见一人！"

红尘俗世里，天下熙熙皆为利来，天下攘攘皆为利往。成年人之间的关系多是利益交换。人都是自私、利己的，你对待别人，与别人待你，都雷同或相似。大厦将成，"送花者"必然众多了，你的一点儿诉求都有人抢着去完成。

然而，有手腕的人，多做的是雪中送炭的事，少做锦上添花的事，绝不做落井下石的事。比如，当朋友遭遇失业、疾病等困境时，给予关心和支持，帮助他们渡过难关；当同事在工作中遇到困难时，伸出援手，共同解决问题。这些看似微小的举动，实则能够给他人带来巨大的帮助和温暖。

雪中送炭，对方会记你一辈子

世界文学大师加缪在《鼠疫》中说："这世上如果还有一样东西，人们总是渴望，有时也能获得的话，那就是人与人之间的温情。"一个人只有帮助另一个人爬上一棵果树，才能品尝到自己想要的果实。

漫长的人生旅途中，谁都会有遭遇急难困境的时候，难免会遇到各种挫折，这时候最需要的就是别人的帮助了。这时候，凡是外来的点点滴滴的温暖，都会让人铭记在心。

1924年，冬季里寻常的一天，北京下起大雪。

厚厚白雪，如巨大棉被，一个穿大棉衣、戴羊毛围巾的人，快步走到前门外杨梅竹斜街，他敲开一扇窄门。

这人是郁达夫，时任北京大学讲师，亦是名动全国的大作家。三天以前，他收到一封求救信，写信的人是一个年轻人，叫沈从文。沈从文信中说他身无分文。

郁达夫将窄门打开，小屋不足10平方米，没有火炉，阴湿发霉。这个叫沈从文的年轻人只穿一件单衣，用被子裹着两条腿缩在墙角，用红肿的手握笔写作。郁达夫赶紧走过去，解下自己的围巾，给沈从文披上。

一年前，沈从文只身带了几本书和七元六角钱，从湘西老家来到北京，租住在杨梅竹斜街，希望靠笔杆子闯出一片天下。他只有小学文凭，没有钱，每天吃半个馒头，几片咸菜，一个人跑到京师图书馆自学和写作。可是一年过去了，稿子写了半麻袋，投稿了几百份，还是没发表半个字，也没拿过一分钱稿费。

北京的冬天，太冷了。沈从文买不起棉衣，也买不起食物，又冷又饿。走在街上看见"招兵委员"的旗子，他走过去，那人告诉他，在这里只要按手印，把自己卖了当兵，就能领到饭钱。他虽然快饿昏了，等到按手印的时候，最后还是下不去手，转身走了。

　　回家后，沈从文给北京十几个文人写信求救，希望有人搭救一把，这是他最后的希望。如果没有得到搭救，他就准备去当兵。那么多收到信的文人，最后来的人只有郁达夫。而郁达夫赶到时，沈从文已经三天没吃任何东西。

　　郁达夫当即请沈从文去饭馆吃饭，点最好的菜，自己不怎么动筷子。饭后还掏出身上仅有的一张五元票子，付了一元七角，将剩余的三元三角全部塞给沈从文。

　　分别时，郁达夫说："我看过你的文章，写得很好，好好写下去！"

　　沈从文伏在桌上大哭。这一年他22岁，是郁达夫的一条围巾、一餐饭、三元三角钱让他熬过人生低谷。

　　后来，沈从文写出了家喻户晓的《边城》，成为一代文学大家。

　　1945年，郁达夫在苏门答腊岛被日军杀害，沈从文听到这个消息，哭了良久。

　　三十年后，沈从文已是七十多岁的老人。历经岁月洗礼，他性情淡然、温和，但只要提起郁达夫，马上动容，说："那情景一辈子也不会忘记。他拿出五块钱，同我出去吃了饭，找回来的钱都送给我了。那时候的五块钱啊！如果没有他的那次造访，就不会有现在的我。"

郁达夫的雪中送炭，成就了沈从文的一生。

宁给饥人一口，不送富人一斗。用心感受他人的疾苦和需要，做真正有益于别人的事，因为"渴时一滴如甘露，醉后添杯不如无"！你曾经递出的方便之手，往往会成为你日后莫大的惊喜。

嘴要甜，做事要有手腕

你会过什么样的人生，变成什么样子，从你嘴巴里说出的话就可以窥见一二。一个人的好运气、好风水，都藏在你的嘴巴里。

《醒世恒言》说："舌为利害本，口是祸福门。"

嘴甜与否往往决定你的命运

嘴甜是有力量的。世界上没有一个人不喜欢听好话，哪怕此人心如磐石，被夸多了也会铁树开花。用温暖、真诚、赞美的语言去表达自己的想法和感受，在与他人交往时，用积极的语言去鼓励他们，让他们感受到我们的关心和尊重。如此，便能融化人心。

除了嘴要甜，身子还要软，即行动上要有付出。只是嘴甜，但身体没有动起来，这会让对方怀疑你只是嘴甜。行动胜过语言，再多甜言蜜语不如实际行动，因此嘴甜之外再加上行动，做事就会无往不利。

有人曾说："在人际交往中，凡是嘴甜的人必然心狠。一个人表面上有多热情，内心就一定有多虚伪。嘴不饶人心地善，心不饶人嘴上甜，心善之人敢直言，嘴甜之人必藏奸。"

这句话自有它的道理，但其实"嘴甜之人必藏奸"，也不全然如此，相反"嘴甜的人必然心狠"则有一定的道理。

嘴甜心狠，是有手腕的表现

"嘴甜"是一个人情商高的表现，这种人善于看到别人身上的优点，又懂得用恰如其分的话来哄别人开心，他们往往有着良好的人际关系，容易获得别人的帮助与支持。"心狠"则是一个人有原则的体现，这样的人不会被情感束缚，做事坚决果断，绝不拖泥带水。这样的人，常常都很理性，他不会因为"心软"而感情用事，让自己遭受不必要的损失。

"嘴甜心狠"的人，大都是既有高情商，又能守住原则的人。这样的人，既能拥有融洽的人际关系，让自己受益，又不会被感情所拖累，让自己受损，故而，他们大多命好。

在中国封建社会，因为皇权而导致手足相残的事，多如牛毛。然而，却有一位皇子，史称最有权势的太子爷，在太子之位24年，26个兄弟无一人觊觎其位——他就是明朝开国皇帝朱元璋的儿子朱标。

洪武十年（1377年），朱元璋开始让朱标处理日常政事，以便更好地锤炼他。希望他以国家社稷、天下黎民为重，常怀忧国忧民之心，方能在和平年代坐稳朱家的天下，成为真正的守成之君。

对于父亲的教导，朱标当然是虚心接受的，不敢有丝毫怠慢，因为朱元璋的狠毒他是再清楚不过了。自从开始处理政务，勤奋是朱标最基本的要求，天还没亮就起床批阅奏章，直到深夜才疲倦就寝，史书用"戴星而朝，夜分而寝"来形容。

朱标有两个特点：一个是宽厚，另一个就是心狠。

自从朱元璋当了皇帝后，对众多儿子的要求是很严格的，在儿子们前去就藩之前，都会特意叮嘱教育，说些爱民如子什么的。但是即便如此，也总有人犯错，比如他的次子朱樉和三子朱棡，去到自己的封地后彻底放飞自我，祸害百姓。因此气得朱元璋把他们叫回京城责罚。这时，作为大哥的朱标，在弟弟受罚时站出来劝说朱元璋，在他的劝说、辩解下，朱元璋才消解怒气，让朱樉和朱棡返回各自封地。

在查明初四大案之一的胡惟庸案时，朱标依然心怀仁慈。

据传说，胡惟庸登上宰相位置以后权势如日中天，实权仅次于太子朱标。于是胡党不断膨胀，侵占百姓土地、贪赃枉法，总之什么坏事都干。查案子一开始的时候，朱标认为大明的官员不可能那么坏，也不可能那么胆大。结果，等查清楚，那些贪官污吏是真的贪。

这时，朱标一改往日的仁慈了，以太子的身份请求朱元璋把贪官全部砍头，总共杀了3万人。

做事要有手腕，没手腕你就是一个人人都能捏的软柿子。而做人还要嘴甜身子软，如此才能上下和谐。

"软"，是为了用柔和的方式处理事务；"手腕"，是用智慧和策略达成目标。二者相辅相成，我们才能在人际交往中取得更好的效果，提升我们的个人魅力，让我们在人生的道路上走得更远。